Grappe de raisin à l'origine du cognac.

ORGANISER SON SÉJOUR

DEUX-SEVRES
CHARENTE-MARITIME
GIRONDE
Ruffec
Verteuil-sur-Charente
Tusson
Aigre
Mans
Anville
Rouillac
Balzac
Ch
COGNAC
Saint-Yrieix-sur-Charente
Jarnac
Bassac
Fléac
Châteaubernard
Bourg-Charente
Saint-Simon
ANGOU
Angeac-Charente
Segonzac
Sireuil
La Couronne
Angeac-Champagne
Bouteville
Châteauneuf-sur-Charente
Ambleville
Claix
Barbezieux-Saint-Hilaire
Montmore
Baignes-Sainte-Radegonde
Touvérac
Guizengeard
Bardenac
Chalais
Aubete

VIENNE
Abzac
CONFOLENS
Nanteuil-en-Vallée
Champagne-Mouton
Étagnac
Chabanais
Chassenon
Chasseneuil-sur-Bonnieure
Lésignac-Durand
HAUTE-VIENNE
Massignac
La Rochefoucauld
niers
Gond-Pontouvre
L'Isle-d'Espagnac
Montbron
Parc Naturel Régional Périgord-Limousin
ME
Magnac-sur-Touvre
ux
agnac-Lavalette-Villars
Villebois-Lavalette
DORDOGNE
Charente
-sur-Dronne
10 KM

Villebois-Lavalette.

© IAKOV FILIMONOV – SHUTTERSTOCK.COM

DÉCOUVERTE

NATURE

GÉOGRAPHIE

Le département de la Charente multiplie les paysages les plus inattendus. Vallons, coteaux, vignes, forêts ou cours d'eau... L'eau a un rôle essentiel et est omniprésente dans cette région. A bord d'une gabarre, vous pourrez découvrir les nombreux secrets de ce département : lumière, nature, pierres du passé, chais abandonnés... Un cadre « royal » riche en faune et en flore qui suit harmonieusement la courbe de la Charente.

Climat

- **Ensoleillement :** la lumière de la Charente est exceptionnelle. La Charente bénéficie d'un climat océanique, et les hivers sont doux, et les étés plutôt tempérés.
- **Précipitations :** en 2019, 922,4 mm de précipitations ont été enregistrés pour la ville de Cognac.
- **Vent :** le vent vient de l'ouest-nord-ouest en particulier lors des tempêtes. On se souvient de la violente tempête Martin avec des vents de plus de 140 km/h sur l'ensemble du département.
- **Phénomènes naturels :** comme tout le territoire français, la Charente

Vignoble du cognac.

est confrontée à certains risques naturels dont les tempêtes, qui sont plus nombreuses ces dernières années, mais rarement mortelles. Compte tenu des nombreux cours d'eau dans le département, le risque majeur est celui des inondations et débordements des cours d'eau durant la saison des pluies.

Relief

Paysages caractéristiques : le département offre un paysage très varié, dû à sa situation par rapport aux autres territoires qui l'entourent. La Charente offre un relief bas, à l'est, à côté du Limousin et du Périgord, où l'on observe de grands plateaux, et de vastes plaines. Au nord-est, le pays est plus vert, parsemé de forêts, de bruyères.

Drapeau – blason

« Coupé, en 1 d'azur aux trois fleurs de lys d'or surmontées d'un lambel d'argent et en 2 losangé d'or et de gueules ; à la burelle ondée d'argent brochant sur la partition ». Un blason à quatre couleurs : bleu, blanc, rouge et or, avec fleurs de lys, et un lambel d'argent.

Ce sont les terres froides, et on s'en sert pour l'élevage des vaches Limousines. Les terres fertiles ou terres chaudes se situent au nord. En bas, vers l'océan, les paysages de vignes se détachent du paysage. D'immenses étendues où la production de cognac prospère. Le sud-est est valorisé par un mélange de tout le territoire : bois, plaines ou bocages, on se trouve dans le « sud ».
Le fleuve Charente dispose de 1 600 km, en comptant cours d'eau et rivières à travers le département.
La Charente reste une région vallonnée, parsemée de petits villages. A Ségonzac, vous pourrez avoir un point de vue à 180 degrés sur la vallée tout entière. La richesse reste les terres du pays. Les rangs de vignes donnent du relief à cette vallée. L'ensemble de production est divisée en six régions : Grande Champagne, Petite Champagne, Borderies, les Fins Bois, Bons Bois et les Bois Ordinaires.

Littoral

- **Mer, océan :** le département de la Charente se trouve tout près de la mer, idéal pour profiter des plages.
- **Ports :** tourisme fluvial et croisières ; Le fleuve offre 147 km de navigation qui s'étendent d'Angoulême à l'océan. A bord d'une gabarre, l'émerveillement est garanti ! Info : www.infiniment-charentes.com

Carte d'identité

- **Numéro (guide département) :** 16.
- **Population :** 352 335 habitants.
- **Démographie :** le département n'est pas le plus peuplé de la région, mais certaines grandes villes concentrent de plus en plus d'habitants comme les villes d'Angoulême ou de Cognac, en évolution.
- **Densité :** 59 hab./km².
- **Superficie :** 5 956 km².
- **Préfecture – sous-préfectures :** Angoulême – Cognac et Confolens.
- **Nombre de communes :** 404 communes.
- **Région d'appartenance :** Nouvelle-Aquitaine.
- **Départements limitrophes :** Charente-Maritime (17), Deux-Sèvres (79), Vienne (86), Haute-Vienne (87), Dordogne (24).
- **Point culminant :** le rocher aux Oiseaux est le point culminant du département de la Charente avec une altitude de 368,63 m. Il est situé sur la commune de Montrollet, à 70 km au nord-est d'Angoulême. Tout en haut, une vue magnifique sur la vallée de la Marchadaine.
- **Cours d'eau principal :** la Charente.

Canoë sur la Charente, Jarnac.
© CHARENTE TOURISME

Ophrys jaunes.

FAUNE ET FLORE

La Charente possède une grande variété de milieux naturels et de paysages due à la douceur du climat, à l'ensoleillement de la région et à la richesse des rives du fleuve. Tout le long de ses berges et de son cours, de magnifiques endroits sont à découvrir, mais attention ! Il faut prendre soin de cette nature si privilégiée ici, car certaines espèces sont rares et de nombreux milieux demeurent extrêmement fragiles.

Faune

La Charente compte de nombreuses espèces de mammifères sur son territoire. Parmi ces espèces, on observe la chauve-souris, la genette, les rongeurs comme le ragondin, les insectivores tels que les taupes, les hérissons, ou encore des cervidés, ou lapins... Par la végétation abondante et donc la multiplicité des habitats, on trouve une importante faune régionale. Les populations d'oiseaux sont variables, et diffèrent entre le littoral et les terres (dans les terres, on rencontre par exemple l'alouette des champs, le tarier pâtre, le pouillot de Bonelli, le corbeau, le moineau, ou merles et loriots...). La macro-faune marine indigène présente dans les pertuis charentais est riche grâce aux nombreux cours d'eau et au fleuve qui traverse le département.

Flore

Le fleuve Charente propose une grande diversité d'espèces végétales et animales. Le bon ensoleillement lui permet d'abriter une large palette de plantes méridionales remarquables : l'ophrys jaune (*Ophrys lutea*), le chardon laiteux (*Galactites tomentosa*)... La diversité des sols permet également à des espèces végétales de prospérer : lichen, mousse, algues, fougères... la nature est omniprésente !
Le climat océanique aux températures modérées, accompagné d'un sol calcaire ou siliceux favorise une grande diversité d'orchidées sur le Sud-Charente. Près de Brossac ou sur les « terres de Champagne », vous pouvez admirer plus de 25 espèces d'orchidées.
Beaucoup de fleurs sauvages poussent près des points d'eau, ou dans les plaines agricoles. Les anciens Charentais recommandaient certaines plantes, dites médicinales pour soigner certains maux.
L'arbre a toujours été présent dans ce département : il servait à chauffer les maisons, et reste indispensable aujourd'hui pour servir d'abris à certains petits animaux. On peut observer diverses variétés tout au long des sentiers de randonnées.

Parcs et réserves naturelles

Le site de La Vallée de la Renaudie est un témoignage de paysages oubliés. Nos ancêtres l'ont connu comme tel. Située à la jonction des communes de Montbron, Ecuras et Rouzède en Charente, la Vallée de la Renaudie accueille une biodiversité remarquable. On peut découvrir des espèces protégées qui y ont élu domicile lors d'une promenade dans ce lieu où la nature resplendit. Des circuits découvertes sont proposés aux plus courageux : le sentier « biodiversité » de 4 km, le sentier « géologie » de 3,5 km ou le sentier de « l'Eau » de 3 km.

Chaque promenade proposée possède son propre thème pour découvrir, apprendre, et surtout comprendre l'intérêt de protéger ce genre de site. La vallée offre de nombreux tableaux diversifiés : végétation, espèces animales, et sols variés.
- Conservatoire d'espaces naturels de Poitou-Charentes : 44, boulevard Pont-Achard – 86000 Poitiers - ✆ 05 49 50 42 59

Les meulières de Claix et Chaumes du Vignac s'étendent sur plus de cent hectares et se situent à 10 km d'Angoulême. Un plateau calcaire qui est recouvert de pelouses rases et sèches et particulièrement riches en espèces méditerranéennes. On observe une nature calme et paisible qui plaît au promeneur ou au naturaliste. Des fosses d'extraction sont encore visibles, et les pierres servaient autrefois à la fabrication des moulins ou des habitations. Depuis 1997, ce sont des chevaux et des moutons qui ont la chance de profiter de ce paysage exceptionnel et protégé.
Contact : CREN Poitou-Charentes : M. Adam ✆ 05 45 22 80 34

Parcs animaliers

Le Safari Parc de Haute-Saintonge - ✆ 05 45 98 99 31 - et son Relais de Buissonnet à Guizengeard n'est pas très connu, pourtant ce lieu vaut le détour ! Venez découvrir ce parc à bord d'un 4x4. Une faune sauvage, composée de cerfs, daims, mouflons, chevreuils, sangliers, vous attend. Les animaux sont en liberté, et les points de vue sont magnifiques.
Le périple est sympa pendant deux heures de promenade à la recherche des plus beaux cervidés. Les enfants sont admis à partir de six ans, car les animaux se trouvent en totale liberté. Une jolie excursion à faire en famille, et unique en Charente !

Parc animalier de la Colline Enchantée, l'Age Vieille à Hiesse - ✆ 05 45 89 65 45 ; www.colline-enchantee.com - Des rencontres pas comme les autres surtout dans cette région ! Dromadaires, ratons laveurs, wallabies, autruches, émeus, lamas, mouflons de Corse, bisons d'Amérique...

Jardins

Quelques parcs et jardins parsèment le département. Le jardin et parc Jean-Pierre Lanson à Mansle, ou encore les Jardins Du Logis De Forge sont un bon exemple de ce qu'il est possible de voir – www.infiniment-charentes.com/trouver-votre-activite/loisir/parcs-et-jardins

Un petit jardin à visiter à Tusson. Ce jardin a été reconstitué. Il représente aujourd'hui un jardin monastique, avec des plantes variées, et des arbres fruitiers sans oublier tout un espace potager. Plus de 150 variétés de tomates, des légumes oubliés et des fruits du pêcher... On aime déambuler dans ce jardin, bien à l'abri derrière des hauts murs en pierre.
Contact : 05 45 31 17 32

ÉCONOMIE

L'économie du département est bien sûr largement dominée par la distillation du cognac, dont l'essentiel de la production part ensuite à l'export, essentiellement vers l'Asie, la part de la consommation autochtone ayant énormément diminué au cours des dernières décennies. Pour autant, le cognac tente de faire peau neuve en proposant, à côté des produits d'excellence habituels des eaux-de-vie parfois moins travaillées ou moins vieillies, donc plus abordables, et pouvant être consommées en cocktail à l'apéritif. Brisant ainsi avec la sempiternelle image du digestif que le businessman consomme en savourant à côté un gros cigare. Quelles que soient les maisons de négoce : on en compte près de 300, toutes tentent de rajeunir l'image du cognac pour en diversifier les modes de consommation. Pour autant, près de 98 % de la boisson phare de Charente reste consommée à l'étranger, et rien n'inverse la tendance. La filière génère néanmoins un chiffre d'affaires annuel de 3,6 milliards d'euros.

Tourisme

Avec Angoulême située à moins de 2h de Paris en TGV, le département de la Charente part avec un atout dans sa manche. Le second atout offert par la ville est bien sûr le festival international de la Bande Dessinée, qui draine chaque année à lui seul plus de 200 000 visiteurs. Pour mettre en valeur le reste du territoire, le département joue aujourd'hui la carte du tourisme vert, développant les sentiers de randonnées et le cyclotourisme, dans un cadre qui s'y prête à merveille : faiblement vallonné et alternant entre vignobles, vallées bucoliques et sous-bois ombragés. L'agenda culturel, dopé par les villes les plus actives comme Angoulême ou Cognac participe grandement à faire connaître le département en France, d'où proviennent encore 4 touristes sur 5, essentiellement de la région parisienne.

La ville d'Angoulême.

Le département de la Charente a été très longtemps considéré comme un pays « pauvre », malgré son patrimoine très riche qui témoigne d'un passé florissant. Différents sites prouvent que ce territoire a été occupé par l'homme dès la période Paléolithique : la grotte de Placard, Montgaudier...

Préhistoire

Un peuplement précoce

Les musées d'Angoulême témoignent de la densité de peuplement en Charente depuis le Paléolithique inférieur. Les peuples ou tribus profitant des abris-sous-roche offerts dans les falaises par les caprices du fleuve et de ses nombreux affluents ont laissé maintes traces d'occupation : outils et fossiles de Néandertaliens. Quelques campements sont donc logiquement apparus dans la région au Néolithique, mais la plupart des sites demeurent inconnus ou bien sont encore en fouilles.

Philippe le Bel.

Antiquité

Les Santons occupent une bonne partie de la Charente au début de l'Antiquité. La conquête romaine et l'établissement de la Via Agrippa jouera un grand rôle dans l'évolution de cette région : diffusion de la religion chrétienne et occupation des terres qui seront façonnées et travaillées par l'homme. Une période plutôt prospère avant les diverses invasions : bataille de Vouillé en 507 contre Clovis, où la ville d'Angoulême devient alors une enceinte et connaît un essor. Les invasions se succèdent au Moyen Âge : Wisigoths, Les Suèves, les Vandales... et la fameuse bataille avec Charles Martel en 732 pour repousser les ennemis. L'Angoumois, qui avait auparavant appartenu à la région Aquitaine, se détache en 843 lors du Traité de Verdun, par Charles le Chauve. Commence alors pour cette province une succession de dynasties.

Moyen Âge

La Charente voit se diffuser l'art roman dès le XIIe siècle et demeure aujourd'hui un des départements français comptant le plus de vestiges de cette époque architecturale. Et souvent, les églises gothiques plus tardives ont conservé des traces des constructions antérieures. Après une longue période d'appartenance aux Anglais et de lutte, en 1308, Philippe le Bel

© GEMADRUN - STOCK.ADOBE.COM

Château de La Rochefoucauld.

rattache la province à la France. Mais les affrontements de la guerre de Cent Ans vont ravager la région, qui restera abattue durant de nombreuses décennies.

De la Renaissance à la Révolution

La Renaissance sonne le renouveau de la Charente, et de nombreux monuments sont construits : on compte 154 édifices à l'architecture exceptionnelle. François Ier, roi de France, né à Cognac, contribue énormément à la reconstitution de la région et à son développement artistique et culturel. L'Angoumois fut touché par les guerres de Religion au XVIe siècle. Le tournant du XVIIIe siècle transforma la région et la rendit prospère. Avec la création des premières maisons de négoce de cognac et l'exploitation des ressources en bois et en sel de la région, les voies commerciales fluviales prospèrent sur la Charente. Certaines grandes villes deviennent de vrais carrefours pour ce commerce, tout comme le fleuve lui-même, sur lequel flottent grand nombre de gabarres.

De la Révolution au XXIe siècle

Le département a été créé à la Révolution française, le 4 mars 1790 en application de la loi du 22 décembre 1789. Il a été formé autour de l'Angoumois et de son ancienne capitale, Angoulême. L'agriculture et le commerce subirent une crise à la suite du phylloxéra. Le vignoble fut reconstitué en 1890 et les maisons de cognac se développèrent.

Le département de la Charente a vu passer de nombreux soldats pendant les deux Grandes Guerres, mais le département lui-même n'a pas été réellement touché. Il était coupé en deux par la ligne de démarcation. Angoulême, Cognac et le sud du département furent occupés par les Allemands alors que la Charente Limousine resta en zone libre.

Depuis, la Charente a toujours été en reconstruction : elle développe sans cesse son économie, son industrie et son tourisme. C'est une terre d'accueil, avec un patrimoine historique impressionnant et une lumière océane que vous ne trouverez nulle part ailleurs.

PATRIMOINE ET TRADITIONS

Patrimoine architectural

Villes et villages

Plusieurs communes du département détiennent le label Petites Cités de Caractère pour leur patrimoine remarquable. C'est le cas d'Aubeterre-sur-Dronne, Confolens, Nanteuil-en-Vallée et Villebois-Lavalette, où il est possible d'admirer de petits trésors architecturaux.

Châteaux

Si plusieurs châteaux parsèment la Charente, le château de La Rochefoucauld se démarque par son style Renaissance. Etroitement lié à l'histoire de la famille du même nom, ses premières pierres sont posées dès le Xe siècle. Au fil du temps, l'évolution architecturale du château témoigne de l'évolution sociale de la famille. C'est au XVIe siècle, avec la création des ailes est et sud, que l'édifice prend une autre dimension et se place au rang des réalisations françaises majeures de la Renaissance.

Traditions et modes de vie

Langue

- **En Charente**, après avoir été reconnu langue autonome en 2007, au même titre que le breton, le patois charentais, dit « saintongeais », a été rétrogradé au rang de sous-catégorie du poitevin-saintongeais par la Charte européenne des langues de France. Mais il continue néanmoins d'être très présent. On notera les nombreux traits communs des parlers de la région avec l'occitan, la langue du sud. Et le premier troubadour connu fut Guillaume IX, comte du Poitou et duc d'Aquitaine. C'est à la mort de sa petite-fille, Aliénor, que la langue des rois de France, celle du nord, est utilisée par les notables et les commerçants.

Artisanat

- **La charentaise**. Même si cette filière a aujourd'hui disparu avec la fermeture récente des dernières entreprises de fabrication de la célèbre pantoufle, la charentaise reste néanmoins ancrée dans la culture et étroitement liée à l'identité locale. Un nouvel atelier de production, L'Atelier Charentaises, the French Slippers, a récemment rouvert à La Rochefoucauld.
- **La tonnellerie**. Cet art ancestral requiert un savoir-faire extrêmement affûté pour donner vie aux précieux tonneaux, lesquels accueillent le tout aussi précieux cognac, entre autres breuvages.

LA CHARENTE GOURMANDE

Spécialités locales

Galette charentaise

La galette charentaise est un dessert ou en-cas sucré bien roboratif : des œufs, de la farine, du sucre semoule et… du beurre ! Autant dire que les calories seront au rendez-vous. Bien cuite, la galette charentaise est dorée et croustillante à l'extérieur, et parfaitement moelleuse à l'intérieur (à condition d'avoir suivi la bonne recette, avec du beurre AOP Poitou-Charentes bien sûr !). Elle peut être parfumée au cognac, à l'angélique, ou plus rarement au citron et se déguste froide, avec un bon café.

Les cagouilles charentaises

La « cagouille » est une institution en Charente, et une confrérie de la cagouille a même été fondée, avec pour devise « baver toujours, médire jamais » (www.cagouille.com). Et personne ne penserait à médire sur les escargots à la charentaise, qui se préparent dans un court bouillon parfumé aux oignons, carottes, laurier, bouquet garni et vin blanc. De la chair à saucisse complète le tout, ainsi qu'une sauce à la tomate. Les « cagouilles » sont alors servies après une longue cuisson à feu doux dans le plat de cuisson. Les « cagouilles » n'ont rien de particulier, il s'agit de simples escargots petits gris, qui auront jeûné deux semaines et auront été lavés jusqu'à baigner dans une eau claire avant de cuire.

Produits du terroir

Viandes, volailles et gibiers

- **Le veau de Chalais :** le veau de Chalais est exclusivement nourri de lait, il a une chair blanche et goûteuse. Très tendre dans nos assiettes !

Préparation de la cagouille.

Le chapon Barbezieux : c'est une grosse volaille au plumage noir et à oreillons blancs. Sa chair est fine.

Charcuteries

Le grillon charentais : à base de cochon, plat rissolé et confit dans sa graisse. Le grillon charentais est exclusivement cuisiné avec du porc : du maigre et de la graisse.

Fromages, produits laitiers

Le manslois : au lait de vache ou de chèvre, c'est un fromage frais. Il a été créé dans la ville de Mansle. Il se consomme aussi bien salé que sucré.

Fruits et légumes

La truffe

Réputée pour ses truffes de qualité, Jarnac accueille durant tout l'hiver le marché aux truffes.

Les pommes

- Azéroli anisé – Mazoréli : elle est cultivée dans le sud de la Charente. Idéale au four.- Reinette de Saintonge : se conserve très longtemps.

Les poires

- Duchesse d'Angoulême : très répandue, cette poire a une chair sucrée et onctueuse.

Les mojettes

La mojette est un petit haricot blanc sec.

Les cerises

- Guin des Charentes.- Belle de Brunetières (Charente Limousine).

Les châtaignes et marrons

Il s'agissait de la base de l'alimentation paysanne, grillés.

Huiles, épices, condiments

Les noix ou noisettes : utilisées pour les huiles artisanales ou à consommer avec les fromages.

Douceurs

Les kroumirs : la spécialité sucrée de Confolens. Un bonbon en pâte d'amande trempée dans un bain de sucre d'orge au chocolat.

- **Les cornuelles :** biscuits triangulaires en pâte sablée et constellés de graines d'anis, spécialité de Villebois-Lavalette.
- **La pine de Barbezieux**
Une pâte à chou généralement garnie de crème Chantilly ou de crème mousseline (parfumée à la vanille, au citron ou à la fleur d'oranger) et confectionnée pendant le dimanche des Rameaux, en l'honneur du printemps. Traditionnellement, cette recette est liée à la fécondité et est symbole de renouveau.

Eaux minérales, boissons locales

- **Dans le même esprit, on peut trouver l'Obo**, dans les grandes surfaces : créée en 2010 par deux entrepreneurs d'Angoulême, cette boisson est énergisante.

Alcools et spiritueux

- **Le cognac et le pineau sont les produits phares** de ce département. Venir en Charente, c'est découvrir les prestigieuses maisons de négoce et les secrets de fabrication de ces alcools hors norme, connus à travers le monde entier. Le cognac règne en maître sur la gastronomie de la région. Cette liqueur des Dieux est issue d'une double distillation et vieillit exclusivement en fûts de chêne. L'aire de production du cognac s'étend sur ce département, mais aussi sur le département de la région de la Charente-Maritime. Les étendues de vignoble sont divisées en 6 crus : Grande Champagne, Petite Champagne, Fins Bois, Borderies, Bons Bois et Bois Ordinaires. Le raisin provient uniquement de cépage blanc. Il doit avoir un titre alcoolémique de 40 % au minimum en volume. Plusieurs dénominations sont

Dégustation de cognac.

inscrites sur les étiquettes, selon l'âge de vie en fait la plus jeune, entrant dans l'assemblage : XO, VSOP, Napoléon...

- **Les pineaux.** Ils se boivent en apéritif ou en cocktail. Le pineau blanc est utilisé en cuisine dans les sauces par exemple. Le pineau rosé servira à accompagner les viandes, les fromages, et certains desserts.

Vins

On trouve quelques vins charentais rouge et blanc. Ils sont corrects, et accompagnent les petits repas de la semaine : certains sont d'une bonne qualité comme ceux des Caves de Saint-Sornin, ou ceux de Pascal Gonthier, à Saint-Amand-de-Nouère.

Bières, cidres

Quelques bières sont réputées en Charente dont l'Océane, BAO, et XO BEER, fabriquée à Angoulême : bière aromatisée au Cognac.

SPORTS ET LOISIRS

Le département regorge d'activités pour tous, adaptées à toutes les pratiques. Randonnées pédestres, à cheval, à vélo, ou baignade pour le farniente, il y en a pour tous les goûts ! La Charente est le lieu idéal pour profiter du plein air et pour découvrir toujours de belles nouveautés !

Activités de plein air

Randonnées pédestres

La Charente compte 6 000 kilomètres de sentiers balisés. C'est une activité qui allie découverte de la nature et bien-être du corps ! Vous pourrez découvrir la palette très fournie de paysages et tous les trésors architecturaux. Les GR® vous accueillent, comme les GRP et les PR®. La Charente est traversée par trois sentiers de grande randonnée et plusieurs centaines de circuits de promenades en haute sécurité.

- **Renseignements sur** le site www.charente-ffrandonnee.com.

Balades à vélo, cyclotourisme et VTT

35 boucles cyclables pour les amoureux de la nature. Les itinéraires cyclables sont nombreux dans la région.

- **Le Tour Charente** (départemental), **la Flow Vélo** (national), **la Scandibérique** (international) maillent et traversent également le département.

A noter également, le Tour Charente VTT qui est un itinéraire départemental longue distance représentant un total de 650 km, entièrement balisé et découpé

© LEONID ANDRONOV - STOCK.ADOBE.COM

La Charente à Angoulême.

© IMAGE_IN - STOCK.ADOBE.COM

en 11 secteurs. Ils peuvent être assimilés à des étapes journalières, mais il est tout à fait possible à tout un chacun d'imaginer son itinéraire comme il l'entend.
Il existe également la Coulée Verte, la Coulée d'Oc et la Galope Chopine qui se superposent avec certains des itinéraires mentionnés plus haut.

Tourisme fluvial

La Charente, avec une longueur totale de 361 km, est navigable de la ville d'Angoulême à Rochefort. Vous traverserez une multitude de petits villages pittoresques qui vaut le coup d'œil. Anciennement, il s'agissait de voies de communication et de voies commerciales. Les gabarres flottaient sur l'eau, apportant sel, beurre, cognac...

Parcours dans les arbres

Soif d'aventure et de sensations fortes ? Le parc d'aventures de Massignac est amusant et bien entretenu. L'encadrement est très professionnel et les attractions changent un peu des autres parcours accrobranches : saut à l'élastique, airbag jump, catapulte, escalade... De quoi faire du sport tout en se faisant plaisir.

Alpinisme, escalade et via-ferrata

Des pentes à gravir comme un chamois se trouvent à Champagne-Mouton, au nord de la Charente.
L'escalade se pratique sur un viaduc d'une vingtaine de mètres de hauteur. Il ne faut pas avoir la phobie du vide ! Une face de pilier est équipée pour l'initiation, les faces latérales sont des voies faciles, et sous les arches, on laissera la place aux professionnels...
La vallée des Eaux-Claires à Puymoyen près d'Angoulême est également un spot réputé d'escalade.

Les Stations Sport Nature

Le Département a impulsé la mise en place d'un réseau de stations sport nature labellisées, réparties sur le territoire et composées de sites de pratiques et de découverte afin de lier sport et tourisme.
Elles sont aujourd'hui au nombre de 3 :
- la base de plein air du Bain des Dames à Châteauneuf-sur-Charente,
- le domaine du Chambon sur la commune d'Eymouthiers,
- le site du Champion à Mansles.

Plus de renseignements : sportsdenature16.lacharente.fr

Golf

La Charente compte quatre parcours de 9 ou 18 trous. Voici trois adresses :

Golf de l'Hirondelle
Chemin de l'Hirondelle – 16000 Angoulême ✆ 05 45 61 16 94
www.golf-angouleme.com

Golf du Cognac
2 route de la Maurie – 16100 Saint-Brice
✆ 05 45 32 18 17
www.golfducognac.com

Golf de la Prèze
Domaine de la Prèze – 16220 Écuras
✆ 05 45 23 25 54 www.golfdelapreze.com

Chasse, pêche et nature

La Charente compte de nombreuses rivières qui regorgent de truites, brochets, black-bass...
Les pêcheurs seront surpris de leur filet : de nombreuses espèces arpentent les nombreux points d'eau du fleuve et des rivières.
La contemplation de la nature dans la Seugne, dans les marais reste exceptionnelle. Pour plus de renseignements, n'hésitez pas à contacter la fédération française départementale de pêche.

Plus d'informations : federationpeche16.com.

Ornithologie

La Nouvelle-Aquitaine est une région dans laquelle les oiseaux se sentent bien : paysages variés, climat océanique, marais littoraux. En Charente, ils migrent aussi sur le lac Lavaud. En haut d'un observatoire vous pourrez admirer de nombreuses espèces colorées juste de passage ou qui vivent dans ce coin de paradis où le calme est au rendez-vous.

Dans les airs

Charente Montgolfières, à Blanzac-Porcheresse, offre une visite hors du commun loin de la terre. Vous pourrez admirer ce pays somptueux, dans les airs, grâce à cette excursion : étendues de vignes, monuments architecturaux, marais, et découverte de l'océan vu du ciel, la balade restera inoubliable.
7 rue Saint-André, 16250 Blanzac-Porcheresse ✆ 06 09 93 57 14 - www.charente-montgolfieres.fr

Balade en Gabarre.

Fêtes

GASTRONOMADES

27, avenue des Maréchaux
Angoulême
✆ 05 45 92 25 57
www.gastronomades.fr
infos@gastronomades.fr

C'est le rendez-vous des gourmands qui s'y donnent à cœur joie pendant tout un week-end à Angoulême. En effet, les Gastronomades réunissent tous les acteurs des métiers de bouche du champ à l'assiette, du producteur au cuisinier, en proposant des animations festives telles que des cours de cuisine ou des joutes culinaires. Miaaam !

CAVALCADE

Balzac
✆ 05 45 68 42 69

Chaque hameau est représenté par un char décoré. Les chars et les majorettes défilent dans les rues du village, l'esprit de fête est au rendez-vous, chaque année, le dimanche suivant la Pentecôte. C'est un grand jour de fête pour les habitants de Balzac. Les premières cavalcades datent de l'Après-Guerre. Les soirées sont animées, et d'année en année, on compte de plus en plus de chars fleuris. Un joli rassemblement.

LA FÊTE DU COGNAC

25, rue Cagouillet
Cognac
✆ 05 45 81 21 05
www.lafeteducognac.fr
lafeteducognac@orange.fr

La Fête du cognac, c'est une grande manifestation à la fois gastronomique, avec la possibilité de goûter les délicieux produits de la région (cognac, pineau des Charentes, vins de pays, cagouilles, viande, melon, noix et fromages), et musicale. Découverte de saveurs et découverte musicale, voilà donc la recette de cet événement festif incontournable qui se déroule autour du magnifique port de Cognac pendant trois jours, au cours desquels vous pourrez découvrir le cognac sous ses formes festives grâce à de grands bars installés par des maisons de cognac, avec un dîner sur place au bord du fleuve Charente pour apprécier à leur juste mesure les produits culinaires locaux. Cerise dans le cognac : chaque soir ont lieu 2 concerts qui vont du jazz à l'électro en passant par la soul, etc.

Foires – Salons

FOIRE DE ROUILLAC

Rouillac

Institution s'il en est, la foire de Rouillac est connue de tous, des plus petits aux plus grands, à travers le département. Si l'on y observe moins de vaches et de chevaux qu'il y a quelques années, les étals de producteurs continuent de proposer leurs merveilles gastronomiques. Mais, comme toute foire qui se respecte, vous trouverez également des poules, coqs, oies, canards ou lapins à adopter, des vendeurs de gadgets en tout genre et, surtout, des harangueurs de foule (surtout le matin) dont on ne se lasse pas d'admirer la verve. Cette foire, en plus d'être assez importante par rapport à la taille de cette petite ville, est également la descendante d'un antique marché aux chevaux gallo-romain ! Comme quoi, on n'invente rien !

Manifestations culturelles - Festivals

■ FESTIVAL DU FILM FRANCOPHONE

Angoulême
✆ 09 81 41 16 00
www.filmfrancophone.fr

Dominique Besnehard a su créer, accompagné de Marie-France Brière et Jean Mardikian, un événement chaleureux à taille humaine où les vedettes du grand écran viennent profiter de la douceur du climat et de l'activité des rues angoumoisines. Idéal pour croiser des stars en toute simplicité et célébrer la francophonie du septième art, ce festival mélange les styles : drame, comédie, films tout public et séances en plein air, animation, chacun y trouvera ce qu'il cherche.

FESTIVAL INTERNATIONAL DE LA BANDE DESSINÉE

71, rue Hergé
Angoulême
✆ 05 45 97 86 50
www.bdangouleme.com
info@bdangouleme.com

Ce festival emblématique se déroule chaque année à la fin du mois de janvier dans la capitale de la bande dessinée et de l'image. Pendant quatre jours, la ville sort de sa douce torpeur hivernale et accueille les plus grands dessinateurs et scénaristes de BD du monde, ainsi que des dizaines de milliers de fans. Aujourd'hui, Angoulême accueille plusieurs écoles qui forment les futurs professionnels de la bande dessinée, de l'animation, de l'audiovisuel, des effets spéciaux, des jeux vidéo, des industries graphiques ou des arts appliqués, et une cinquantaine d'entreprises liées aux métiers de l'image se sont installées en Charente. Le Centre national de la Bande dessinée (CNBDI) symbolise cette dynamique également portée par Magélis-Pôle Image, le programme de développement économique fondé sur les industries, les technologies et les métiers de l'image.

■ BARROBJECTIF

Barro
http://barrobjectif.canalblog.com
assocouleedouce@gmail.com

Pendant une semaine en septembre, le petit village de Barro, près de Ruffec, se pare de mille images sur les murs de ses maisons, de ses granges, de son lavoir, dans les prairies... L'occasion de s'aiguiser l'œil et de prendre la température du monde avec toujours la présence des plus grands photoreporters.

COGNAC BLUES PASSIONS

1, rue du Port
Cognac
✆ 05 45 36 11 81
www.bluespassions.com
info@bluespassions.com

Fort d'une longue existence, ce festival, qui puisa ses racines dans le blues en faisant venir sur la petite scène du jardin public de la ville de Cognac les plus grandes pointures, a su faire sa place et gagner du galon. Aujourd'hui, les puristes sont un peu nostalgiques du temps où ne se côtoyaient que des artistes blues, mais le festival a gagné des festivaliers et a su conserver son esprit bon enfant et curieux.

Le blues est toujours au rendez-vous et c'est bien de lui qu'il s'agit sur les petites scènes ou sur la grande scène du jardin mais les sarabandes sont aussi présentes. Des artistes aux musicalités différentes ont foulé le sol du festival : Sting, Morcheeba, Hugh Laurie, ZZ Top, Iggy Pop, Selah Sue, Tom Jones et bien d'autres ont fait partie des têtes d'affiche. Le festival s'ouvre à d'autres découvertes musicales mais demeure, quoi qu'on en dise, le bastion du blues et de tous ceux qui s'en inspirent.

COUP DE CHAUFFE

Cognac
http://www.avantscene.com
accueil@avantscene.com
A Cognac, tous les mois de septembre les arts de la rue font chauffer le bitume pour la plus grande joie des spectateurs. Inventifs, amusants, poétiques, les artistes rendent la rentrée scolaire joyeuse de la place François-Ier au jardin public en passant par la cour du musée avec des acrobaties, de la musique, des saynètes hilarantes.

LITTÉRATURES EUROPÉENNES COGNAC

Centre de congrès La Salamandre
Cognac
✆ 05 45 82 88 01
www.litteratures-europeennes.com
contact@litteratures-europennes.com
Créé en 1988 en l'honneur du centenaire de la naissance de Jean Monnet, ce festival se veut un point de rencontre et d'échanges entre le public et les écrivains venus des quatre coins de l'Europe. L'occasion est donnée de découvrir de nouveaux textes, de nouveaux horizons, à travers les livres, l'évasion par les livres grâce à ces auteurs talentueux qui nous plongent dans des univers dépaysants. A cette occasion, les libraires de la ville se mettent en quatre pour proposer aux lecteurs avides de découverte les livres des écrivains invités ou en résidence. La découverte du territoire par les livres est aussi une nouvelle manière d'envisager le Cognaçais...

NUITS BLANCHES EN PAYS JAUNE D'OR

Centre Bourg
Cognac
✆ 05 45 83 37 77
www.cognacetapes.com
contact@cognacetapes.com
Le concept est audacieux mais a tout de suite fait sensation ! Découvrez la Grande Champagne lors d'une promenade nocturne guidée en voiture à travers les villages illuminés (Angeac, Graves-Saint-Amant, Saint-Simon, Saint-Simeux), arrêtez-vous et laissez-vous conter l'histoire du cognac sur les sites animés par les gens du pays, des saynètes bâties autour de faits réels selon des thèmes originaux. Les vignobles s'habillent de mystère et la magie opère ! La balade se termine chez un viticulteur pour partager une dégustation de produits locaux. Réservation impérative !

POLAR LE FESTIVAL

32, rue Grande, Cognac
✆ 06 81 35 99 02
www.festival-polar-cognac.fr
cerclenoir@wanadoo.fr
A Cognac, le polar se décline en projections de films, romans, bandes dessinées, expositions... C'est la fête du roman policier sous la forme d'avant-premières, d'hommages, de rétrospectives, de signatures. Les invités sont de choix quelle que soit la discipline.

FESTIVAL DE CONFOLENS
3, place Emile Roux
Confolens
✆ 05 45 84 00 77
www.festivaldeconfolens.com
info@festivaldeconfolens.com
Depuis plus de 60 ans, en août, les musiques et danses du monde entier résonnent dans cette petite cité de Charente Limousine favorisant des rencontres humaines et artistiques jusqu'aux plus invraisemblables. La sélection rigoureuse des groupes venus des cinq continents offre une programmation de très haute qualité. Des spectacles sous structure couverte vous feront découvrir les traditions présentées par 450 artistes. Durant une semaine, c'est toute la ville qui offre cette ambiance unique et colorée du théâtre des Ribières lieu de spectacle, à la place du monde et ses animations gratuites. Venez y faire un tour et laissez-vous séduire !

JARNAC AU CŒUR DU BLUES
12, rue du 14 juillet
Jarnac
✆ 05 45 81 09 30
www.bluespassions.com
Depuis plus de 25 ans, Cognac Blues Passions accueille les plus grands artistes de musique afro-américaine : de BB King à Lenny Kravitz, en passant par Santana, Joe Cocker, Ben Harper, Sting, Massive Attack, Hugh Laurie, -M-, James Blunt, Selah Sue, Asaf Avidan, Erykah Badu, Iggy Pop, The Cranberries et bien d'autres. Depuis plus de 10 ans, Jarnac au Cœur du Blues accueille la soirée d'ouverture du festival dans le cadre resplendissant de l'Ile Madame.

Manifestations sportives

CIRCUIT INTERNATIONAL DES REMPARTS
✆ 05 45 94 31 90
www.circuitdesremparts.com
contact@circuitdesremparts.com
Un événement à ne pas manquer pour les amoureux de belles mécaniques ou tout simplement les curieux. Le festival rassemble un nombre impressionnant de vieilles automobiles, les bolides datent des années 1920 aux années 1970. Le festival débute par les expositions dans les jardins de l'hôtel de ville qui accueille les rutilantes voitures, puis le concours d'élégance, véritable soirée de gala qui voit défiler toutes les époques, les esthétiques et toutes les extravagances de l'industrie automobile. Le lendemain, un rallye est organisé sur les routes champêtres de Charente et attire des conducteurs de toute nationalité. Enfin, point d'orgue de la manifestation : les courses ! Après les premiers essais, les pneus crissent enfin sur les tracés historiques du vieil Angoulême. Le louvoiement des voitures d'époque entre les pierres blanches de la cité est une vision rare et l'événement est grandiose pour les aficionados. En septembre.

LA COUPE D'EUROPE DE MONTGOLFIÈRES
Val des Vignes
Manifestation biennale, qui verra se tenir sa 22e édition en 2021. Cette compétition donne lieu à un spectacle impressionnant pour le grand public. Pendant 3 jours, montgolfières et avions prennent d'assaut les terres et les vignobles de la Charente. Les épreuves se déroulent le matin et le soir, à Mainfonds et sur d'autres sites en Charente.

La Charente à Cognac.

VISITE

ANGOULÊME ET ALENTOURS

ANGOULÊME ★★

Grâce au TGV, Angoulême est à moins de 2h20 de Paris. Une ville encore méconnue et qui pourtant possède une histoire très riche et des personnages illustres. Occupée par les Romains dès l'Antiquité, Charles le Chauve érige la cité en comté au IXe siècle, et 700 ans plus tard, le bon François Ier, généreux avec sa région d'origine, en fait un duché pour l'offrir à Louise de Savoie, sa mère. Mais la naissance juridique d'Angoulême a été signée le 18 mai 1204 par Jean sans Terre, roi d'Angleterre, qui a épousé après l'avoir enlevée Isabelle Taillefer. Un épisode longtemps oublié, mais réhabilité dernièrement. Depuis le Moyen Âge, la capitale de la province d'Angoumois s'était rendue célèbre pour la fabrication du papier. Une tradition qui a perduré, malgré le départ des artisans protestants après 1685. Balzac prit même un papetier angoumoisin pour héros de son roman « Les Illusions perdues ». La place New York rappelle que le navigateur Verazzano donna d'abord le nom de Nouvelle-Angoulême à ce qui devait devenir la cité des gratte-ciel. Devenue préfecture de la Charente, Angoulême est une provinciale assagie. C'est une ville tranquille, baignée de lumière, chargée d'histoire et dont les maisons sont faites de cette belle pierre blanche. Perchée sur son plateau, elle est surnommée le balcon du Sud-Ouest. Son festival de la bande dessinée et le Pôle Magelis en font la capitale mondiale de l'image. L'artère principale de la ville porte même le nom d'Hergé. Depuis fin 2019, la ville a rejoint le réseau des villes créatives de l'UNESCO au titre de la littérature pour la bande dessinée.

La statue d'Hergé à Angoulême.

LES MURS PEINTS

✆ 05 45 95 16 84

Partez à la découverte des murs peints d'Angoulême. La capitale internationale de la BD abrite plus de vingt fresques murales aux couleurs des grands noms du neuvième art. Retrouvez Lucky Luke et Blake et Mortimer au détour d'une rue, mais aussi des planches de dessinateurs inconnus. L'office de tourisme vous fournit un plan numéroté pour ne rien rater de ces œuvres d'art en plein air. Clin d'œil à la BD : les plaques des rues sont sous forme de bulles. Via Patrimoine organise des visites guidées autour des murs peints de la ville, contactez l'association ou contactez l'office de tourisme pour réservation.

Au pays DE LA BD

#TRÉSORS Angoulême

Angoulême, capitale mondiale de la BD

Ville de l'Image, labellisée ville créative de l'Unesco, Angoulême s'explore en mode Bande Dessinée entre ses murs peints, véritables œuvres d'art, son musée de la BD, unique en Europe, et l'exposition **Picasso & la Bande Dessinée** à voir absolument en 2021.

De l'eau au papier, les maisons papetières vous ouvrent leurs portes

Un programme de visites pour découvrir **le passé précieux du papier en Pays d'Angoulême** où, dès le XVIème siècle, Angoulême est reconnue pour la qualité de son papier en raison de la pureté des ses eaux et de son sol calcaire.

De la terre à l'assiette, où quand gastronomie rime avec produits du terroir

C'est un voyage gustatif à travers nos champs et nos marchés où se mêlent **le melon et le grillon charentais sans oublier nos magiciens viticulteurs** qui transforment le raisin en Pineau et Cognac.

WWW.COM-ON-PUB.COM
CRÉDIT PHOTO : ©PHILIPPE B

Office de Tourisme du Pays d'Angoulême
www.angouleme-tourisme.com

ANGOULÊME TOURISME

OFFICE DE TOURISME

1, place de l'Hôtel de Ville
✆ 05 45 95 16 84
www.angouleme-tourisme.com
info@angouleme-tourisme.com
L'office de tourisme est le point de départ de votre séjour ou de votre visite à Angoulême. L'accueil est souriant et attentif, nombre de supports (cartes de la région, dépliants...) vous seront proposés. Quelle que soit votre demande, hébergement, restauration, loisir nature ou sportif, visite culturelle ou gourmande, festivals et événements, les infos qui vous seront proposées seront pertinentes et ciblées. L'accueil se fait également en anglais pour répondre au plus grand nombre. Pour découvrir la ville dans son aspect historique et patrimonial ou pour ses activités ludiques et familiales, gageons que chacun trouvera son bonheur en franchissant la porte de l'office de tourisme.

A voir - A faire

CATHÉDRALE SAINT-PIERRE ★★

Place Saint-Pierre
18, rue Fénelon
Un très bel édifice roman que cette cathédrale bâtie sur l'éperon rocheux d'Angoulême qui, tel un phare veillant sur la ville, est un point de repère incontournable pour tous. Sa façade est un chef-d'œuvre de l'art roman et l'on peut passer des heures à détailler les différentes plaques sculptées qui se succèdent en quatre rangées, la plus haute étant occupée par un imposant Christ en gloire entouré des cavaliers de l'Apocalypse. À l'intérieur, ne manquez pas de visiter le trésor de la cathédrale, mis en scène par Jean-Michel Othoniel et comptant pas loin de 150 objets liturgiques.

ESPACE MÉMORIEL DE LA RÉSISTANCE ET DE LA DÉPORTATION

34, rue de Genève ✆ 05 16 09 68 24
https://patrimoine16.lacharente.fr
pleveque@lacharente.fr
Ouvert depuis décembre 2014, le Mémoriel de la Résistance et de la Déportation offre une vision globale de la guerre de 1939-1945 en Charente. Le lieu est une ancienne maison de la Résistance. Tous les aspects de la Seconde Guerre mondiale y sont abordés dans des espaces thématiques où les documents audio, vidéo et papier se mêlent à de vieux objets : vêtements d'époque, photos, le tout dans une ambiance musicale appropriée. L'accueil est très agréable et l'accent est mis sur la connaissance de cette période en Charente et alentour. Des visites guidées sont organisées pour les groupes et les scolaires en semaine car la dimension pédagogique est primordiale.

LES HALLES

Place des Halles
Les halles sont situées sur l'emplacement de l'ancien château fort du XIIIe siècle, construit par Saint Louis. Il a ensuite servi de prison au XVe siècle. Il a été détruit en 1887 car il était dans un trop mauvais état. L'architecte Édouard Warin construit alors les halles, sur le modèle des halles parisiennes, tout en fer et en verre. Les halles ont été rénovées en 2000 et aujourd'hui cet édifice qui n'a rien perdu de sa splendeur abrite un marché bien connu des Angoumoisins. Tous les matins (sauf le lundi), retrouvez une ambiance conviviale et festive, les producteurs locaux y sont bien représentés et c'est l'occasion de faire ses achats, du fromage à la viande en passant par le vin et le poisson, loin de l'anonymat des supermarchés.

La cathédrale Saint-Pierre.

HÔTEL DE VILLE

Place de l'Hôtel-de-Ville
✆ 05 45 68 45 16
L'hôtel de ville d'Angoulême est situé sur l'emplacement de l'ancien château comtal. De ce passé, il a conservé la tour des Valois et le donjon Lusignan. Construit au XIXe siècle d'après les plans de l'architecte Paul Abadie, il est d'un style éclectique à dominante médiévale. On note son beffroi haut de 50 mètres qui s'élance au centre de la façade. Des visites sont organisées dans les anciennes tours par la société Via Patrimoine, n'hésitez pas à la contacter au numéro de téléphone indiqué en référence.

MUSÉE DE LA BANDE DESSINÉE

Cité internationale de la bande dessinée et de l'image, Quai de la Charente
✆ 05 45 38 65 65 – www.citebd.org
contact@citebd.org
La Cité internationale de la bande dessinée et de l'image (CIBDI), symbole de la capitale de l'image, est un sanctuaire de la bande dessinée. Vous trouverez notamment une bibliothèque de la bande dessinée (sous réserve d'abonnement, les publics peuvent accéder aux expositions et faire leur choix parmi une collection de plus de 25 000 albums et documentaires). La CIBDI comprend également la librairie de la bande dessinée et de l'image qui compte plus de 40 000 références et environ 4 000 nouveautés ainsi que la résidence internationale d'artistes (la maison des auteurs) qui soutient la création dans le domaine de la bande dessinée et de l'image animée. Découvrez également les 2 salles de cinéma de la Cité, Nemo et Laloux classées « Art et Essai » et « Recherche et Découverte ». La Cité accueille le Musée de la bande dessinée, installé sur la rive droite de la Charente. Le Musée a pu redéployer l'ensemble de ses collections permanentes sur une surface d'environ 1 300 m², bénéficiant d'une scénographie sobre et élégante qui valorise les œuvres originales. Le Musée compte plus de 8 000 planches et imprimés des origines de la bande dessinée à nos jours : BD franco-belges, Comics USA et Mangas japonais... Une des plus riches collections d'Europe. Le musée organise également des visites, tout au long de l'année, pour petits et grands. Les règles de conservation des œuvres sur papier obligent le Musée de la bande dessinée à ne pas présenter ses planches originales plus de trois mois d'affilée. Ainsi, à raison de trois « rotations » annuelles, ce sont neuf musées totalement différents que le visiteur régulier et curieux pourra découvrir en trois ans. Le musée est également particulièrement réputé pour la qualité et la variété de ses expositions temporaires.

MUSÉE DU PAPIER – LE NIL ★★

134, rue de Bordeaux
✆ 05 45 92 73 43
www.musee-du-papier.fr
museepapier@mairieangouleme.fr
Installé dans les anciennes papeteries Joseph Bardou le Nil, fermées en 1972, le musée du papier surplombe la Charente et témoigne de l'intense activité industrielle qui régnait autrefois autour du fleuve. Le musée propose une exposition permanente qui permet de découvrir les rouages de cette activité (l'exposition s'organise autour des roues et vannes où l'eau passe encore), son histoire, ses répercussions socio-économiques, mais invite aussi à découvrir la Charente, puissance naturelle indispensable à la fabrication du papier. Soulignons enfin la qualité des expositions temporaires, toujours d'une grande pertinence.

le musée
de la bande dessinée
quai de la charente 16000 angoulême
du mardi au vendredi
de 10h à 18h (19h en juillet, août)
samedi, dimanche et jours fériés
de 14h à 18h (19h en juillet, août)
accès entre les bâtiments
par la passerelle
piétonne hugo pratt
la cité internationale
de la bande dessinée
et de l'image
le vaisseau moebius
121 rue de bordeaux 16000 angoulême
du mardi au vendredi de 13h à 18h
samedi, dimanche et jours fériés
de 14h à 18h
us d'information sur www.citebd.org • tel 05 45 38 65 65 • contact@citebd.org
t sur nos réseaux @laCite.citebd @CiteBd cite_de_la_bande_dessinee

MUSÉE D'ANGOULÊME ★★★

1, rue de Friedland
✆ 05 45 95 79 88
www.musee-angouleme.fr
musees@mairie-angouleme.fr
Entrée du public par le square Girard II, côté jardin, rue Corneille
Le musée d'Angoulême vous propose trois univers distincts. Au rez-de-chaussée, plongez au cœur de la Charente préhistorique. Petits et grands pourront revivre l'histoire du département depuis l'époque des dinosaures, en lien avec les fouilles toujours en cours à Angeac-Charente, jusqu'à l'art roman fort présent dans le département. Au premier étage, vous pourrez découvrir des objets provenant d'Océanie et du continent africain. Une collection originale et bien fournie pour s'immerger dans des cultures différentes et souvent méconnues. Enfin, le dernier étage est consacré aux beaux-arts, du XVIe au XXe siècle, et une belle sélection d'œuvres d'artistes charentais. Les enfants ne sont pas oubliés, des livrets et audio-guides leur sont spécialement dédiés. Des sièges ponctuent la visite, pour reprendre son souffle ou admirer plus longuement les pièces exposées. De 7 à 77 ans, les visites sont à consommer sans modération, et les expositions temporaires régulièrement proposées sont une raison de visite supplémentaire.

MUSÉE DE LA SOCIÉTÉ ARCHÉOLOGIQUE ET HISTORIQUE DE LA CHARENTE

44, rue de Montmoreau
✆ 05 45 94 90 75
www.sahc-charente.org
azatkhan439@gmail.com
Le musée de la Société archéologique et historique de la Charente existe depuis 1845 et a plusieurs fois changé de lieu, il est désormais et depuis l'après-guerre situé rue de Montmoreau, dans la maison de Jean George qui légua sa demeure à la Société archéologique et historique de la Charente. La collection provient pour la plus grande partie de dons et de legs, ce qui en fait un musée atypique, comme pouvaient l'être les cabinets de curiosité de la Renaissance. Vous trouverez une belle collection d'émaux, mais également des objets et des vestiges de toutes les périodes dont la statue de la déesse Epona trouvée à Rouillac. Par les prêts faits pour des expositions ou à des musées, la société participe au dynamisme culturel du département.

Se restaurer

LES ARTISTES

15, rue des Trois Notre Dame
✆ 05 45 38 16 84
www.lesartistes.eatbu.com
Poussez la porte de ce restaurant situé en plein cœur d'Angoulême, et retrouvez une ambiance sereine et paisible, loin de l'agitation des grandes chaînes bien connues. Ici, même le client est différent, loin des futilités de la vie actuelle, le respect est de mise et l'atmosphère s'en trouve toute modifiée. Dans une ambiance bistrot, le chef vous propose une carte variée ou le menu du jour composé au choix de trois entrées, un plat et trois desserts. La présentation est le premier plaisir de l'œil mais la qualité gustative n'est pas en reste, les produits sont frais et ça se sent. Le service est organisé et l'attente est de courte durée, ce qui n'empêche pas de prendre son temps. Pour bien manger dans un restaurant qui a une âme, c'est ici qu'il faut aller.

Angoulême
ville créative
MAAM
Musée d'Angoulême
Service communication / Ville D'Angoulême - 2020 - © Nayade
UNESCO
Organisation
des Nations Unies
pour l'éducation,
la science et la culture
Angoulême
VILLE DE LITTÉRATURE
Désignée
Ville créative
de l'UNESCO
en 2019

LE BRULEAU CHARENTAIS

10, rue de Beaulieu
✆ 05 45 69 72 17
lebruleau@orange.fr

Le Bruleau Charentais n'est ouvert que le soir, mais cela les habitués le savent bien et d'ailleurs, mieux vaut réserver avant de venir car l'endroit est bien connu des Charentais et très prisé. Et à juste titre ! Une cuisine simple et savoureuse, dont la spécialité est la grillade de bœuf. Quant à la particularité de ce lieu incontournable de la gastronomie angoumoisine, c'est qu'ici tout est fait au feu de bois devant les clients ! À la carte également, du canard, de l'agneau, du saumon et pour finir les desserts faits maison. Le lieu déborde de sourire et de convivialité, c'est une expérience à vivre pour un moment de partage et de dégustation inoubliable.

LE CHAT NOIR

Place des Halles
✆ 05 45 95 26 27

Tout ici, du mobilier à la décoration, est dans le style brasserie. La restauration se fait uniquement le midi, mais de 12h à 22h il est possible de commander des bruschettas pour moins de 10 €. Desserts faits maison et glaces. La qualité gustative des plats est très bonne. Vous pourrez déguster des grillades, salades et omelettes. Le service est rapide et soigné. Les serveurs sont agréables et souriants, très à l'écoute de leurs clients, ce qui est un véritable point positif. À noter : une belle et grande terrasse ombragée pour un verre dans la journée ou pour prolonger la soirée.

AU JARDIN

5, rue Ludovic-Trarieux
✆ 05 45 90 07 97
https://restau-aujardin.fr
au.jardin16@orange.fr

Au jardin comme si vous y étiez. Pourtant, ici, c'est bien le centre-ville mais la proposition fait rêver. Installés dans des fauteuils autour de petites tables colorées choisies avec goût, on hésite entre plat du jour, soupes chaudes,

Hôtel de ville Angoulême.

gaspachos, desserts maison... Tous ces bons petits plats proposés sont composés avec des produits de saison, de producteurs locaux, et bio lorsque c'est possible. Des produits du cru pour une cuisine unique qui s'adapte à tous les goûts, notamment ceux des végétariens, végétaliens et régimes sans gluten. Si vous êtes adeptes de salade, vous ne serez pas déçus. Vous pourrez la composer vous-même en choisissant vos ingrédients à la carte, ainsi que votre vinaigrette. De quoi manger sain chaque jour, sans se lasser. Et s'il y a à manger, il y a aussi à boire : vins bio, jus de fruits frais, thés et café... Idéal pour un déjeuner léger. On vous conseille de réserver au printemps pour une place en terrasse.

QUAI N°8
8, chemin de Halage
✆ 05 45 92 27 85
www.quai-n8.com
quai.n8.angouleme@gmail.com
En bord de Charente, à deux pas du quartier Saint-Cybard et du plateau d'Angoulême, le restaurant Quai n° 8 est une adresse connue des Angoumoisins, qui l'apprécient autant pour son ambiance que pour la qualité de sa cuisine. Une cuisine gourmande et raffinée à des prix abordables. On vous recommande le millefeuille de foie gras et pommes rôties, réduction de pineau blanc à la graine de vanille, ainsi que les spécialités végétaliennes !

LA TABLE À DESSIN
60, avenue de Cognac
www.by-nicolas-traiteur.com
contact@by-nicolas-traiteur.com
Une adresse originale que cette Table à Dessin, le restaurant vitrine du traiteur

Dans les rues d'Angoulême.

© LEONID ANDRONOV - STOCK.ADOBE.COM

bien connu à Angoulême Events by Nicolas. Situé au cœur de la Cité internationale de la BD, cette brasserie panoramique avec vue imprenable sur la Charente et sa petite terrasse attenante vous offre une halte de gourmet au sein du vaisseau Moebus. Dans une ambiance moderne, épurée, design et chic, vous apprécierez le plat du jour et une carte courte mais fraîche, innovante et toujours savoureuse, orchestrée par Nicolas Berthomet. Rapport qualité-prix imbattable.

Emplettes

CAVES DE LA MADELEINE
22, boulevard du 8-Mai-1945
✆ 05 45 94 44 44
www.cave-de-la-madeleine.com
cave.madeleine.giraud@orange.fr

C'est une très jolie cave que la cave de La Madeleine. Devanture chic et sobre, rappelant les boutiques anciennes, l'intérieur est tout aussi sympathique avec joli plancher et cave voûtée dans laquelle vous pourrez participer aux dégustations ou bien fêter votre anniversaire en faisant découvrir à vos amis vos vins favoris. Sélectionnant avec soin les « magiciens » comme il les appelle, ce caviste attentif et sympathique propose des vins de France et des spiritueux, surtout français, mais aussi étrangers.

LA FERME GOURMANDE

35, rue de Saintes
✆ 07 70 48 25 61
Cette boutique de producteurs régionaux nouvellement ouverte est un régal pour les yeux et les papilles ! Pour toutes les occasions, de la gourmandise au repas de famille, vous trouverez dans cette épicerie tous les produits régionaux qui feront le succès de votre table ! Truites, pigeons, confitures, conserves, foies gras, noix, miels, escargots, yaourts, fruits, légumes et même des glaces artisanales terriblement addictives ! Bien sûr, vous trouverez aussi des cognacs et des pineaux du vignoble de René Carré ainsi que du Couks ! Le célèbre apéritif à base de cognac. L'adresse idéale pour vos fêtes de fin d'année !

LA LIBRAIRIE DE LA BANDE DESSINÉE ET DE L'IMAGE

Quai de la Charente
✆ 05 45 38 65 60
http://librairie.citebd.org
librairie@citebd.org
On ne vient pas ici par hasard. Située juste à côté du musée de la Bande dessinée, La Librairie est entièrement dédiée au neuvième art. Depuis les grands classiques de la bande dessinée en passant par les mangas et jusqu'aux dernières nouveautés, vous trouverez de quoi satisfaire tous les lecteurs. Des albums pour tous les âges, classés par ordre alphabétique, un espace en duplex où chacun saura se repérer. Un coin

Les Chais Magelis.

dédié aux auteurs locaux, des sérigraphies et figurines pour prolonger le plaisir ou pour offrir. Pour les amoureux de la BD, une adresse incontournable dans un lieu calme et apaisant au bord de la Charente.

Sports / loisirs / activités

■ LA COULÉE VERTE

Petit sentier qui longe la Charente sur plus de vingt kilomètres, la Coulée verte propose une promenade de Nersac jusqu'au plan d'eau de Saint-Yrieix en passant par le centre d'Angoulême, sur l'île de Bourgines. Ancien chemin de halage, il était utilisé pour tirer les bateaux de la rive. La Charente constituait alors l'un des axes principaux pour le commerce d'alcools, de matériaux bruts tels que la pierre ou encore des épices. En prenant la direction de Saint-Yrieix, on rencontre plusieurs écluses, comme des vestiges de la période faste de la navigation fluviale. Au fil de la balade, on admire de grandes bâtisses et une nature luxuriante. Footing, vélo, marche à pied, le sentier est assez large pour accueillir bon nombre de randonneurs en tout temps. Attention cependant aux fortes pluies qui provoquent la montée des eaux et la fermeture du chemin.

■ COULÉE VERTE DE SAINT-YRIEIX-SUR-CHARENTE À FLÉAC

Office de tourisme d'Angoulême
✆ 05 45 95 16 84
www.angouleme-tourisme.com
info@angouleme-tourisme.com

À pied ou à vélo, ce sera selon votre humeur ! Dommage pour les rollers en revanche : la qualité moyenne du revêtement ne leur permettra pas de profiter de la piste. Au départ du plan d'eau de la Grande Prairie à Saint-Yrieix-sur-Charente, il vous faudra parcourir 10 kilomètres pour atteindre Fléac, son extrêmité. En été, vous pourrez même continuer jusqu'à l'écluse de Fleurac, légèrement plus loin. Facile et sans dénivelé, elle offre l'opportunité aux moins sportifs se s'entraîner à leur rythme, sans se démotiver !

- **Tarif :** gratuit.
- **Distance :** 10 km.
- **Difficulté :** facile.

S'amuser – Sortir

CINÉMA DE LA CITÉ

60, avenue de Cognac
✆ 08 92 68 00 72
www.citebd.org
contact@citebd.org

Installé au cœur de la Cité de la bande dessinée, le Cinéma de la Cité est un espace de dialogue entre images animées, dessinées et filmées. 220 films par an y sont projetés, une sélection riche qui fait la part belle au cinéma d'auteur, indépendant, au documentaire. Les séances du « Ciné mardi » ou celles de « Ciné-répertoire » rendent respectivement hommage au cinéma de genre et aux grands classiques du septième art. Les enfants aussi sont mis à l'honneur durant le « Ciné goûter atelier » et grâce aux sélections avisées de longs-métrages d'animation. Véritable institution culturelle, le Cinéma de la Cité se met à la disposition de nombreux événements et festivals charentais (Nuit du fantastique, Festival du film francophone, 16 000 Toons, Courant 3d, projections des films des étudiants de l'EMCA...).

THÉÂTRE D'ANGOULÊME

Avenue des Maréchaux
✆ 05 45 38 61 61
www.theatre-angouleme.org
infos@theatre-angouleme.org

Le théâtre d'Angoulême est un véritable pilier de la vie culturelle de la cité. Réhabilité en 1994 par les architectes Fabre et Perrotet, les pierres blanches du théâtre s'ouvrent à la lumière et sont habillées d'une passerelle de verre et d'acier. Trois salles sont aménagées dans l'espace de la scène principale : la grande salle avec une capacité de 730 places, l'odéon et le studio Dominique Bagouet. Chaleureux avec ces murs parés de bois et ces confortables sièges rouges, le théâtre laisse une agréable sensation de convivialité et d'élégance. L'espace du bar est à l'image de ce raffinement, ont peut y attendre la représentation ou le réserver pour un groupe. Tout les mois à l'heure du déjeuner une représentation artistique et une collation sont mises en place. La programmation est très large et surprend par sa diversité. Théâtre classique, moderne, spectacle vivant et concerto, concerts dessinés... Un incontournable en toute saison.

LE VIN D'ORGE

6, rue de Bordeaux
✆ 07 85 53 74 00
www.levindorge.com
angouleme@levindorge.com

Ouvert en 2013 par les deux compères Adrien et Julien, Le Vin d'Orge est un concept à lui tout seul (aujourd'hui licence de marque, déclinée en Gironde et à Arcachon). Le personnel du bar met un point d'honneur à vous proposer et vous conseiller les meilleurs produits. La sélection de bières bouteille et pression est internationale et conséquente ! Rhums et whiskies divers et vins biologiques sont aussi de la partie. Le tout est accessible, avec des prix fixes et très doux. Accompagnez vos boissons avec les savoureux saucissons et fromages proposés. L'établissement fermant plus tôt que la plupart des pubs, il est parfaitement indiqué pour un moment de détente ou apéritif après une journée de travail ; si vous désirez poursuivre votre soirée entre amis, des ventes à emporter sont disponibles à des prix très attractifs. Des activités y sont fréquemment organisées (dégustations, « beer-pong », expositions, apéro-concerts).

BALZAC

Le petit bourg de Balzac s'étend autour de son château, niché au creux d'un méandre de la Charente, dans un cadre bucolique à souhait où l'essentiel de l'activité se concentre autour de la viticulture.

CHÂTEAU GUEZ DE BALZAC ★

Place de l'Église
✆ 05 45 68 15 16
www.chateaudebalzac.fr
chateaudebalzac@gmail.com

Edifié vers 1600, ce fut l'ermitage du célèbre écrivain Jean-Louis Guez de Balzac « restaurateur de la langue française ». Marie de Médicis, Richelieu et le duc d'Epernon s'y rendirent. A voir : la magnifique salle voûtée et les fresques du XVIIe siècle et le canal. Le parc a été entièrement restauré après la grande tempête de 1999 et replanté d'essences rares. L'édifice est labellisé « Maison des illustres ».

Statue Carnot, Angoulême.

CHAMPNIERS

Dans ce bourg qui a vu grandir l'acteur Christophe Malavoy, ne pas manquer l'église Sainte-Eulalie du XIIe siècle remaniée depuis, dont les chapiteaux sont renommés. Beaucoup de petit patrimoine aux alentours, vous découvrirez aussi un grand choix de chemins de randonnées pour découvrir des fontaines et des sources. Ce village très dynamique propose des expositions régulières toute l'année. Beaucoup de manifestations comme la fête du safran vers le 20 août. Pour des renseignements sur les manifestations et les chemins de randonnées consultez le site : www.mairie-champniers.fr ou Tél 05 45 69 88 98.

■ MIELLERIE LAVERGNE

Argence, 221, rue des Plantiers

✆ 05 45 69 82 39

martine.la@hotmail.fr

Dans leur ferme, Martine et Philippe Lavergne vous vendent du miel, du pollen, de la gelée royale, du pain d'épice, de la cire, des bonbons, du vinaigre, de l'hydromel... Le vieil ours gourmand qui sommeille en nous, se réveille à l'évocation de ces douceurs.

CLAIX

Au cœur du vignoble de Fins Bois, la paisible commune de Claix vaudra une étape pour son église romane du XIIe siècle, classée sur la liste des Monuments historiques, et pour ses meulières, qui feront l'objet d'une jolie escapade nature.

A voir - A faire

■ CHÂTEAU

Perché sur un roc, le château de Claix appartient à la laiterie qu'il domine. La construction est du XVIIIe siècle, à la place du château médiéval entièrement détruit. Le premier étage est surmonté d'un fronton triangulaire et le château couvert d'une terrasse à l'Italienne. Un des coins du bâtiment est équipé d'une échauguette qui déséquilibre l'ensemble.

■ MEULIÈRES DE CLAIX

www.claix16.fr

contact.maire@claix16.fr

C'est un site exceptionnel situé sur les communes de Claix et Roullet-Saint-Estèphe et dominant la vallée du ruisseau Le Claix. Les plateaux d'où la vue est imprenable sont recouverts de pelouses sèches parsemées de fourrés à genévriers. Une flore méditerranéenne s'y est installée avec des espèces rares et protégées dont la globulaire de Valence, connue en France seulement ici. L'intérêt faunistique est important, aucun autre endroit de Charente n'accueille le pipit rousseline, mais il est aussi historique : d'anciennes fosses d'extraction de meules et de pierre de taille parsèment le site. Des panneaux d'information sont aux accès principaux du site. C'est un espace géré par le Conservatoire Régional d'Espaces Naturels de Poitou-Charentes.

Emplettes

ABK6 COGNAC

Domaine de « chez Maillard »

✆ 05 45 66 35 72

www.abk6-cognac.com

contact@abk6-cognac.com

Cette marque qui porte leur nom de famille est la signature des Domaines Francis Abecassis. Reconnue mondialement pour la qualité de son savoir-faire, la maison ABK6 s'attache à travailler ses assemblages pour obtenir un cognac avec beaucoup de caractère. Les saveurs et les puissances aromatiques s'allient pour offrir à l'amateur de cognac des sensations nouvelles. Les nombreuses récompenses obtenues par la maison ces dernières années sont un autre gage de la qualité de leurs produits. Une simple dégustation suffira à vous convaincre du bien fondé de ces récompenses.

Par ailleurs, la maison ABK6 se fera un plaisir de vous présenter son domaine et de vous faire découvrir ses secrets de fabrication.

FLÉAC

Désormais intégrée à l'agglomération d'Angoulême, Fléac a toujours été une importante voie de passage.

La ville se situe à proximité d'une ancienne voie romaine et sur l'ancien *Chemin des Anglais*, route commerciale qui reliait naguère Saintes à Angoulême. Plus tard, c'est le chemin de fer qui reliait la ville aux autres bourgs régionaux, une voie métrique que Fléac a su transformer en agréable voie verte.

A voir – A faire

■ MUSÉE 1900

6, rue de la Mairie

✆ 05 45 91 04 07

www.gaecdessazaris.fr

mail@gaecdessazaris.fr

La famille Dumergue a gardé tous ses beaux habits de 1830 à 1915 et a eu la bonne idée de les présenter sur une vingtaine de mannequins dans une pièce de son exploitation avec une mise en scène de mariage. Les frous-frous, les dentelles, les beaux tissus ne sont plus vraiment légion, c'est une occasion de retrouver le goût de la belle ouvrage.

Le musée appartient à l'exploitation viticole familiale, dont la distillerie et les chais peuvent également faire l'objet d'une intéressante visite avec explication de la fabrication du cognac.

Sports / loisirs / activités

■ PORT DE PLAISANCE DE FLÉAC

Rue du Tranchard

A proximité immédiate d'Angoulême, ce port de plaisance est bien équipé. Guinguette, départ de randonnée fluviale, location de bateaux sans permis, canoës, kayaks, pédalos, stand up paddles, vélos.

GOND-PONTOUVRE

Au confluent de la Charente et de la Touvre, Gond-Pontouvre est un bon spot pour s'adonner aux sports aquatiques. On pourra en particulier y louer des canoës pour des excursions à la confluence des deux cours d'eau.

LA CERVOISERIE
209, ZI les Avenauds
✆ 05 45 90 62 94
www.lacervoiserie.com
Qu'on se le dise, La Cervoiserie n'est pas juste une cave à bières. Bien sûr, vous y trouverez des dizaines de brassins différents, dont le nom est déjà tout un voyage : la Fin du Monde et la Maudite, venues du Québec, voisinent sur les étagères avec la Pink Killer et la Barbar Bok de Belgique. Quant aux bières allemandes et irlandaises, elles sont à l'honneur lors de l'Oktoberfest et de la Saint-Patrick, deux temps forts du lieu. Car ici, on ne se contente pas de faire ses courses : un vaste comptoir, au bois aussi chaleureux que l'accueil des serveurs, vous attend dans le grand hangar. On peut ainsi goûter sur place les dernières nouveautés, tout en retrouvant ses amis ou en s'en faisant de nouveaux, dans une ambiance toujours très conviviale. En outre, des événements – comme la retransmission de matches de rugby, ou des soirées festives – achèvent de faire de l'endroit bien plus qu'un « magasin de bières »... Bon à savoir : La Cervoiserie restant désormais ouverte le vendredi à l'heure du déjeuner, vous pouvez y apporter votre casse-croûte pour débriefer tranquillement la semaine avec vos collègues, ou préparer le programme du week-end.

L'ISLE-D'ESPAGNAC

Autour de l'église médiévale Saint-Michel, le centre de ce bourg se limite à quelques rues desservant des zones industrielles occupant l'espace entre L'Isle-d'Espagnac et Gond-Pontrouve.

LA MARGELLE
88, avenue
de la République
✆ 05 45 69 15 12
Tenu par Véronique et Hervé Colin, cet établissement est simple et très prisé des salariés, cravatés ou non, des alentours. Pour y manger le midi, mieux vaut réserver. Les deux salles du restaurant sont animées et bruissantes de conversations. Il faut dire qu'on n'est pas déçu et même plutôt heureusement surpris à cette table. Les plats proposés sont très classiques et préparés de manière traditionnelle. Plutôt bien d'ailleurs. La terrine de foie de volaille maison est fondante et particulièrement savoureuse. Mais ce que nous avons vraiment apprécié, c'est la gentillesse du service et sa rapidité, les plateaux de fromages très bien garnis et variés (il y a un plateau spécialement dédié aux fromages de chèvre de toute beauté), le plateau de sucres et chocolats pour accompagner le café. Notez aussi que vous pourrez déguster les fameuses huîtres Papin.

LA COURONNE

La Couronne possède plusieurs sites dignes d'intérêt, dont l'église Saint-Jean-Baptiste, classée Monument historique, et surtout les ruines de l'abbaye Notre-Dame-de-la-Couronne, qui témoigne de l'importance religieuse du site dans le passé et dont la construction marque l'arrivée du style gothique en Charente.

■ ABBAYE DE LA COURONNE ★

Rue Léonard Jarraud
✆ 05 16 09 74 32
www.lacharente.com

L'accès au site est libre. Pour voir cet ensemble monumental exceptionnel, fiez-vous à la haute cheminée des cimenteries Lafarge. À leur pied, sur cette terre d'art roman, s'élève l'exemple le plus intéressant d'architecture gothique, de ce style dit Plantagenêt que l'on retrouve aussi pour la cathédrale Saint-Pierre à Poitiers. Les vestiges de cette abbaye ont servi de carrières de pierre avant leur classement aux Monuments historiques en 1904. Étrangement, le côtoiement d'une architecture industrielle avec celle de l'abbaye ne crée pas vraiment de contraste gênant.

Ces élévations semblent se répondre. Malgré les immenses pans disparus de l'édifice religieux, l'ensemble reste massif et puissant. À côté de l'abbaye s'élèvent les bâtiments des convers, une construction plus simple mais soignée datée vraisemblablement de la fin du XIIe siècle. À l'intérieur, on trouve un bel escalier à plusieurs volées et balustres du XVIIe siècle. De l'extérieur, les fines ouvertures aménagées à l'étage devaient éclairer le dortoir des frères. À côté de ces bâtiments, un logis d'époque moderne en U arbore un extravagant portail.

■ MOULIN DE LA COURADE

55, route de la Claix
✆ 05 45 67 26 73
www.la-courade.com
lesartsaufildeleau@la-courade.com

Cette usine à papier du XIXe siècle, bâtie sur le moulin du XVIIe siècle, vous fera découvrir toute la réalité de l'industrie papetière sur un site exceptionnel comprenant le logis du patron et son parc aux arbres centenaires, les longs bâtiments abritant le travail des ouvriers et le matériel (meules, pilons et marteaux), le vaste canal d'arrivée d'eau… Un très bel exemple de patrimoine industriel.

MAGNAC-SUR-TOUVRE

Le village est réputé pour sa très belle église du XIIe siècle en forme de croix grecque, véritable joyau de l'art roman. La Touvre traverse le village et regorge d'anguilles, et d'écrevisses. Cette rivière fut aimée des rois valois François Ier et Charles IX pour sa beauté.

SAINT-YRIEIX-SUR-CHARENTE

Saint-Yrieix a conservé un joli centre médiéval autour de la place Attane, dominée par le clocher de son imposante collégiale et par la tour du Plô voisine. On s'y promène avec plaisir avant d'aller se détendre au plan d'eau de la Grande Prairie, formé par la réunion d'anciennes sablières, et où sont proposées diverses activités nautiques.

A voir – A faire

NAUTILIS

Rue des Mesniers
✆ 05 45 95 50 00
www.nautilis.fr
nautilis@grandangouleme.fr

A trois petites minutes d'Angoulême, le centre Nautilis ouvre ses portes. L'eau est ici l'élément principal. On peut barboter dedans dans sept bassins aquatiques (pataugeoire extérieure, rivière de 100 m, pentagliss, bassin à vagues, bassin olympique, etc.) ou glisser dessus (pistes de patinoire…). Sur les 5 ha de ce centre nautico-patineur, on trouve aussi un espace cardio-training, un espace balnéo et un bar d'été. La patinoire est fermée l'été.

Sports / loisirs / activités

BASE VOILE ÉRIC TABARLY

20, rue du Plan-d'Eau
✆ 05 45 68 42 46
voile.angouleme@fcol16.org

© GEORGES BLOND - STOCK.ADOBE.COM

Balade nature au bord de la Charente, Saint-Yrieix-sur-Charente.

Si le plan d'eau de Saint-Yrieix est agréable vu des pistes de promenades et des aires de verdure l'entourant, glisser sur sa surface dans l'ombre d'une voile blanche est autrement plus plaisant. L'école de voile de Charente permet de goûter aux joies de la navigation pour les enfants ou les adultes, affiliés au club ou non. On peut en effet y louer de petits dériveurs, catamarans, planches à voile, canoës et VTT à l'heure ou à la demi-journée. L'adhésion au club fait bénéficier d'un encadrement surveillé de votre activité, de toutes les activités liées à la vie du club, de douches et de vestiaires gratuits, d'assurances, etc. Des stages d'initiation et de perfectionnement sont disponibles sur réservation, enfin autour de la base, vous pourrez profiter des nombreuses activités disponibles : piste de jogging et VTT, terrains de jeux, handball, football à cinq…

PLAN D'EAU DE LA GRANDE PRAIRIE

✆ 05 45 68 42 46
(Ecole de voile)

Le plan d'eau de la Grande Prairie est un lieu pour se mettre au vert et s'évader dans la contemplation, le temps d'une promenade. La boucle autour du plan d'eau mesure trois kilomètres de long et ravit joggeurs, cyclistes et piétons. On y trouve une aire de jeux pour les enfants, des tables pour pique-niquer en famille, des toilettes, une buvette pour les jours de grande chaleur ou de froid qui transperce. La baignade est surveillée le week-end et l'été, et l'école de voile est installée là. Un grand parking est à la disposition des usagers, ainsi qu'une aire de stationnement pour les camping-cars.

SIREUIL

Une promenade sur les chemins de halage et une visite des anciennes carrières de pierre sont deux bonnes raisons de faire une halte à Sireuil. Et si l'endroit vous séduit, n'hésitez pas à louer un petit bateau sans permis pour un tour d'exploration sur la Charente !

■ INTER CROISIÈRES

Pont de Sireuil
3, chemin des Gabariers
✆ 05 45 90 58 18
www.intercroisieres.com
intercroisieres@wanadoo.fr
Larguer les amarres et voguer au fil de la Charente sur des pénichettes est un moyen de visiter d'une autre façon ce département. Le temps ne compte plus ; l'aventure peut durer une ou deux semaines ou seulement un week-end. A bord, c'est farniente, pêche, bronzette et les haltes permettent de découvrir la gastronomie régionale (huîtres, mouclades, cagouilles, etc.). Sur 171 km d'Angoulême à l'océan, la Charente est régulée par vingt et une écluses. Le parcours est jalonné de bourgs et villes riches en vestiges du passé tels qu'Angoulême, Fleurac, Saint-Simeux, Châteauneuf, Saint-Simon, Bassac, Jarnac, Saint-Brice, Cognac, Saintes, Saint-Savinien, Rochefort.

SOYAUX

On s'arrêtera à Soyaux pour admirer la belle église romane du centre-ville, qui a connu une récente restauration et est inscrite sur la liste des Monuments historiques. Un joli cimetière médiéval mérite également le détour.

Se restaurer

■ LA CIGOGNE

Impasse Cabane-Bambou
✆ 05 45 95 89 23
http://la-cigogne-angouleme.com
lacigogne16@orange.fr
Sandrine et Erick Boux ont fait de l'endroit le rendez-vous des gourmets, un rendez-vous tout court… un point de passage obligé : les mets se mêlent pour vous offrir un tourbillon de saveurs, des lasagnes de langoustines à la crème citronnée aux ris de veau flambés au cognac, en passant par l'escalope de foie gras aux fruits de saison. On ne peut pas ressortir indifférent de ce palais des délices. Tout cela est de la poésie.

Sports / loisirs / activités

■ ACCRO PARC DE SOYAUX

292, avenue du Général de Gaulle
Aire de loisirs des Brandes
✆ 06 81 46 33 49
www.accroparc-de-soyaux.com
L'Accro Parc de Soyaux accueille les visiteurs sur un site de plus de 4 hectares. Il dispose de divers parcours dans les arbres, adaptés à l'âge des participants et en fonction de l'effort physique à fournir. Un mini-golf de 18 trous, un circuit d'Hover Kart (une sorte de skateboard composé de deux moteurs électriques) en forêt, ainsi qu'un laser-game en plein air, le « Laser Adventures », sont accessibles. Une belle occasion de se ressourcer et se dépenser en pleine nature.

AMBLEVILLE

L'origine du bourg, divisé en deux hameaux, remonte à l'époque celtique, mais le nom d'Amblavilla vient des Gallo-Romains. L'église Saint-Pierre, des XIe et XIIe siècles, s'orne de modillons sculptés. Le moulin de la Greppe, privé de ses ailes, profite d'un beau point de vue. Vestige d'un cours d'eau de l'ère quaternaire, le ruisseau du Collinaud a vécu la formation des tourbières – milieu naturel très spécifique – qui s'étendent entre Criteuil et Ambleville.

RAYMOND RAGNAUD

Le Château ✆ 05 45 80 54 57
www.raymondragnaud.fr

Depuis le XIXe siècle, la maison Raymond Ragnaud produit et assemble de superbes cognacs de Grande Champagne, un savoir-faire hérité de nombreuses générations de viticulteurs qui a permis d'aboutir à des produits aussi qualitatifs que ceux que propose cette maison. Françoise Ragnaud-Bricq, à la tête du domaine depuis trois décennies, qui aujourd'hui s'étend sur 47 ha et 3 propriétés, perpétue tradition et héritage familial en mettant en exergue des arômes subtils et assemblages savants, qui révèlent toute la richesse d'un vignoble dont les eaux-de-vie vieillissent en chais selon la méthode traditionnelle.

ANGEAC-CHAMPAGNE

A Angeac, une borne, un pont romain enjambant le Ri et des vestiges d'habitations confirment l'implantation de la civilisation gallo-romaine dans la région. Aujourd'hui, une base de plein air prend le relais.

MAISON BOINAUD

Cognac de Luze et Cognac J. Dupont
140, rue de la Bonne Chauffe
✆ 05 45 83 72 72
www.cognacdeluze.com

Le Domaine Boinaud est situé à 10 minutes de Cognac dans un vignoble de Grande Champagne de 420 hectares. Il distille l'ensemble de ses eaux-de-vie de Grande Champagne et Petite Champagne provenant de ce plus grand vignoble familial au cœur de l'AOC Cognac, au moyen de ses 41 alambics traditionnels. Le vieillissement qui suit nécessairement se poursuit dans ses propres chais. Sa visite guidée vous permettra de découvrir tout l'art indispensable pour élaborer un cognac de propriétaire, de la vigne au verre de cognac en vous dévoilant successivement la distillation, la tonnellerie et le vieillissement en fûts de chênes français. Visite guidée gratuite possible toute l'année sur rendez-vous préalable. Vous y serez invité aussi à un grand moment de dégustation, vous permettant de découvrir ses marques artisanales et audacieuses que sont Cognac De Luze et Cognac J. Dupont. Les groupes d'adultes ou de scolaires

Vignoble de la Maison Boinaud.

sont également les bienvenus. Ce site est labellisé HVE, c'est-à-dire Haute Valeur Environnementale. Et rappelons que Cognac, comme tous ses environs, recèle un patrimoine local méritant sa découverte.

ANGEAC-CHARENTE

Angeac possède un joli patrimoine médiéval, avec une église du XIVe siècle, des lavoirs, des ponts et des fontaines qui sont autant d'occasions de pauses photogéniques ou de promenades bucoliques.

Mais c'est surtout pour son gisement d'os de mammouths et de dinosaures que le site a connu depuis les années 2010 un succès touristique croissant. Beaucoup des découvertes effectuées ici ont permis d'enrichir les salles des musées d'Angoulême.

■ SITE PALÉONTOLOGIQUE D'ANGEAC-CHARENTE

www.patrimoine16.lacharente.fr

La carrière Audoin s'est révélée en 2010 comme un des gisements les plus importants d'os de dinosaures d'Europe. Les premières fouilles ont mis au jour des centaines de morceaux dont un fémur tout à fait extraordinaire de 2,40 m issu d'un sauropode mort voici approximativement 130 millions d'années. Ce sont des années de fouilles en perspective pour les chercheurs.

ANVILLE

Un des derniers chefs-lieux avant la Charente-Maritime est un regroupement de nombreux hameaux autour d'un bourg principal, nichés dans un cadre verdoyant et vallonné propice à la détente et aux promenades bucoliques. La commune est classée dans les domaines Fins Bois de Cognac et compte de nombreuses petites propriétés ouvertes à la visite et à la dégustation de cognac.

BASSAC

Occupant la plaine au creux de la vallée de la Charente, cette petite bourgade d'à peine un demi-millier d'habitants fera l'objet d'une halte pour sa belle abbaye du XIe siècle, arborant encore une façade romane.

A voir – A faire

■ ABBAYE SAINT-ÉTIENNE-DE-BASSAC ★

✆ 05 45 83 08 32
www.abbaye-de-bassac.fr
abbayedebassac16@gmail.com

Proche du village de Saint-Simon, l'abbaye de Bassac a été fondée vers l'an mil par Wardrad le Riche, seigneur de Jarnac, et sa tendre épousée Rixendis. Consacrée en 1017, l'abbaye connut un bel apogée sous l'égide de Cluny de 1095 à 1246. Par la suite, moult maux s'abattirent : les guerres (de Cent Ans, de Religion…) et leur lot de pillages. C'est au XVIIe siècle que l'ensemble fut réédifié par les mauristes. Au XIXe, de nouvelles restaurations virent le jour. Depuis 1947, l'endroit est habité par la communauté de la Mission Sainte-Thérèse. Au gré de la visite, l'architecture laisse dévoiler différentes époques : clocher roman du XIIe, bâtiments monastiques (autour du cloître) du XVIIe, mobilier d'église du XVIIIe (lutrin, jubé sculpté, stalle, retable), etc. De nombreuses manifestations religieuses y sont organisées ainsi que des rencontres mondiales. Il y a également différentes expositions ou conférences, à noter les visites à la torche en été, les Rendez-vous aux jardins et des concerts.

Se restaurer

■ L'ESSILLE

43, route de Condé
✆ 05 45 81 94 13
www.hotel-restaurant-essille.com
l.essille@wanadoo.fr

Le ruisseau de la Guirlande à Bassac.

L'Abbaye Saint-Etienne-de-Bassac.

Un restaurant qui place au premier rang les produits locaux et les recettes traditionnelles. Des touches de créativité et de finesse placent néanmoins cet établissement dans la catégorie des étapes gastronomiques, où vous pourrez découvrir ou redécouvrir les meilleures spécialités régionales comme la trilogie de canard ou la lotte au pineau. Gardez une place pour le plateau de fromage et les desserts, tout aussi bien travaillés.

BOURG-CHARENTE ★★

Idéalement situé entre Jarnac et Cognac, sur les rives de la Charente, Bourg-Charente a grandi autour de son château, au milieu des vignes, avec la majeure partie des terres viticoles de la commune classée en Grande Champagne.

A voir – A faire

■ ÉGLISE SAINT-JEAN ★

Située au lieu-dit le Prieuré, cette église typique du XIIe siècle possède une façade inspirée de la cathédrale d'Angoulême à trois étages et fronton triangulaire. Son intérêt spécifique réside dans la présence d'une peinture murale datée du XIIIe siècle représentant l'Adoration des mages dans la nef.

■ MUSÉE DE LA POUPONNIÈRE

Rue du Port

✆ 05 45 81 20 46

A côté du bar L'escale, Lucette Bocquier a installé ses protégées, près de 3 000 poupées de toutes les matières (porcelaine, celluloïd, bakélite, terre) dont certaines datées du début du XXe siècle. Elles font toutes partie de sa collection personnelle débutée en 1988. Lucette se fera un plaisir de vous raconter tout ça.

Se restaurer

LA RIBAUDIÈRE

2, place du Port ✆ 05 45 81 30 54
www.laribaudiere.com
la.ribaudiere@wanadoo.fr
La Ribaudière, c'est le talent incontestable de Thierry Verrat, récompensé par une étoile au guide Michelin ; mais c'est aussi un cadre, un décor design contemporain où les couleurs se mêlent au raffinement des matières, que ce soit dans le salon d'accueil ou sur la terrasse avec le fleuve Charente comme compagnon de route au cours d'un repas où les sens sont mis en éveil. Le chef sublime les mets et produits du terroir qu'il utilise pour donner naissance à une cuisine en mouvement perpétuel. Thierry Verrat ouvre régulièrement une table de dégustation autour des thèmes suivants : caviar, huîtres, charcuterie, foie gras, etc. La cave de grande qualité qui recense plus de 1 100 références de vins a de quoi satisfaire toutes les exigences... Il produit aussi son propre vin, exclusivement distribué dans son restaurant, une raison de plus, s'il en fallait, pour réserver une table.

BOUTEVILLE

Les habitants de Bouteville se plaisent à dire que leur commune est la commune des bouilleurs de cru... Mais si l'on y cultive la vigne, la ville est également connue pour son célèbre baume de Bouteville, un vinaigre balsamique vieilli en fûts de cognac, bien moins acide que les vinaigres classiques.

A voir – A faire

CHÂTEAU DE BOUTEVILLE ★

✆ 05 45 97 51 65 – www.bouteville.fr
Le château de Bouteville a perdu une bonne partie de ses pierres ! Edifiée pour résister aux Normands, la forteresse fut occupée par les Taillefer, comtes d'Angoulême. On dit que la jeune Isabelle, ravie à Hugues de Lusignan le jour de ses noces, y connut sa première nuit d'amour avec le roi Jean d'Angleterre. Pendant la guerre de Cent Ans, le château passa du camp des Français à celui des Anglais, pour finalement revenir aux Français… Le roi Charles d'Orléans entreprit des travaux pour remettre le château au goût de l'époque. Puis François Ier, appauvri par sa défaite contre Charles Quint, le céda en 1550. De l'élégant château Renaissance, il ne reste aujourd'hui que des ruines. Mais quelles ruines ! La terrasse et les murs effondrés offrent une vision panoramique exceptionnelle. Le château est en cours de restauration depuis 30 ans. L'été, de nombreuses animations sont mises en place par l'association intercommunale Elan : escrime, tir à l'arc... et des visites guidées sont organisées en juillet et août (De Bernard de Béon du Massés au comte d'Artois).

ÉGLISE SAINT-PIERRE-ET-SAINT-PAUL

Cette vaste église fut fondée en 1025 par la Dame de Bouteville. Certaines de ses parties datent donc des tous débuts de l'art roman. A voir absolument : de nombreuses peintures murales du XIVe siècle.

LAVOIRS

Il y a cinq lavoirs à Bouteville et ses alentours. Nous trouvons celui du Prat particulièrement joli et travaillé ainsi que celui de l'église qui est alimenté par une fontaine.

Bouteville.

Bouteville.

Château et vignoble de Bouteville.

Emplettes

■ LA COMPAGNIE DE BOUTEVILLE

1, rue Montmorency
✆ 05 45 64 92 76
www.lebaumedebouteville.com
contact@bouteville.com
La Compagnie de Bouteville élabore des condiments d'exception. Depuis le 19e siècle, les produits sont vieillis en fûts ayant contenu du cognac. Le Baume de Bouteville, produit phare de la maison, est un condiment balsamique demandé par les épicuriens de France et dans le monde. Sa production artisanale et son positionnement «Grand Cru», avec des raisins provenant des belles parcelles du vignoble, lui confère son authenticité et sa spécificité. Depuis 2016, le Baume de Bouteville fait partie des «Producteurs Artisans de Qualité», avec une sélection à l'unanimité des quinze membres fondateurs du Collège Culinaire de France, sous présidence de Joël Robuchon et Alain Ducasse.

BOUTIERS-SAINT-TROJAN

Aux portes de Cognac, ce faubourg est habité depuis l'époque gallo-romaine et son centre abrite une charmante petite église romane valant une étape.

■ ÉGLISE SAINT-MARMET

Surplombant la Charente, perchée sur un éperon rocheux, la petite église de Saint-Marmet (dédiée à Saint-Mamert, l'usage a inversé les lettres) veille, entourée de son ancien cimetière. Il faut aller la voir car elle a été abandonnée à la Révolution et n'a donc pas été remaniée. On peut admirer toute la pureté de cette architecture datée de la fin du XIIe siècle ou du début du XIIIe siècle.

CHÂTEAUBERNARD

La famille Bernard a fait la renommée de cette bourgade aux portes de Cognac. De nombreux membres de cette lignée ont fait partie des croisades ou des armées françaises, dont celle de Du Guesclin, lors de la guerre de Cent Ans. Les Templiers, qui furent les premiers seigneurs du château, ont également marqué de leur empreinte l'histoire de la commune.

A voir - A faire

■ LES JARDINS RESPECTUEUX

65, rue Bellevue ✆ 05 45 36 82 60
http://lesjardinsrespectueux.fr
jardinrespectueux@gmail.fr
L'association Les Jardins respectueux a été créée en 2011. Son but : sensibiliser et éduquer à l'environnement par la mise en place de jardins pédagogiques et partagés.
Elle offre au public et aux collectivités une information sur la qualité des paysages, sur l'écologie, sur l'environnement, etc. par l'intermédiaire d'ateliers et d'animations ludiques sur demande autour des jardins. On y découvre un tunnel à courges en douelles de barriques, une salamandre, un dôme géodésique, une caverne transformée en buvette, un abri pour les ânes, une cabane à outils, un hôtel à insectes, etc.

Vignoble du cognac.

CHAPELLE DES TEMPLIERS

Place Raymond Buzin
✆ 05 45 32 18 98
www.ville-chateaubernard.fr
cstaf@templiers.org

De la commanderie fondée par l'ordre des Templiers ne reste que la chapelle qui est très dépouillée. Pas de fioritures ici dans cet édifice élevé par ceux qui étaient chargés de protéger les pèlerins. Or, en Charente, ces derniers étaient particulièrement nombreux sur la route de Saint-Jacques. Cela explique qu'on dénombre près de trente-trois fondations de Templiers dans le département. Après la dissolution de l'ordre, la commanderie de Châteaubernard a été confiée aux Hospitaliers, d'autres religieux militaires chargés de soigner les pèlerins. Après avoir appartenu à l'ordre de Saint-Jean de Jérusalem, elle devint bien national à la Révolution et rendue au culte en 1844. C'est une église paroissiale depuis 1874. Aujourd'hui, les alentours de la chapelle sont aménagés en parc aux hauts marronniers. Dans un coin, le four communal du XVIIIe siècle, peut-être installé à l'emplacement du four de la commanderie, a été entièrement restauré. Il est encore utilisé pour certaines occasions. La Chapelle est bien indiquée depuis le centre de Châteaubernard.

Se restaurer

DOMAINE DE L'ÉCHASSIER

72, rue Bellevue ✆ 05 45 35 01 09
www.echassier.com
echassier@wanadoo.fr

Le restaurant de l'hôtel est plutôt gastronomique. Patrick Jolly élabore sa carte en fonction des saisons et il sait mettre en valeur les produits du terroir tout en apportant une touche originale. En entrée salade d'automne au foie gras, jambon de magret, artichaut poivrade et confit de coing suivie d'une poitrine de canette rôtie, crumble de patate douce, jus de fruit de la passion et gingembre et terminer sur une note sucrée une tarte aux pommes feuilletée « cuite minute », crème d'amandes, glace de saison.

L'YEUSE

65, rue de Bellevue
✆ 05 45 36 82 60 – www.yeuse.fr
reservations@yeuse.fr

Selon l'envie, le temps que l'on a ou l'événement que l'on fête, on choisit L'Y-bar pour passer un moment convivial autour d'une planche à partager, Le P'tit Yeuse (le bistrot de la maison) ou La Table de l'Yeuse que l'on peut considérer comme l'une des meilleures du département. Les menus changent une fois par mois. Le menu découverte du P'tit Yeuse offre un bel aperçu des talents du chef qui fait la part belle aux produits du terroir tout en les sublimant : déclinaison de choux au pineau des Charentes en entrée puis une pintade fondante et croustillante, polenta moelleuse et purée de courge « Butternut ». La cognathèque est assez fabuleuse par la collection de cognacs qu'elle renferme, mais aussi par son ambiance très cosy autour de la cheminée, dans un décor de boiserie très chaleureux. Et que l'on vienne ici au bistrot pour le plat du jour ou au restaurant gastronomique pour le menu le plus cher, le service sera quant à lui toujours irréprochable.

A noter également que l'établissement propose un hôtel dans lequel les moulures du XIXe siècle ont été laissées à la libre inspiration de graffeurs qui ont ainsi apporté un vent de modernité à l'établissement.

S'amuser - Sortir

LA COGNATHÈQUE DE L'YEUSE

65, rue de Bellevue
✆ 05 45 36 82 60
www.yeuse.fr/cognatheque.html
reservations@yeuse.fr
Ce cadre superbe qui abrite hôtel, restaurant gastronomique savoureux, jardin respectueux où se cultivent biodiversité, fruits, légumes et plantes aromatiques, présente également une cognathèque raffinée. Dans un esprit salon aux touches très britanniques, les cuirs et bois se mêlent aux flacons précieux. Des cognacs de grande qualité à savourer autour d'une partie d'échecs ou en dégustant quelques gourmandises.

CHÂTEAUNEUF-SUR-CHARENTE ★

A la place de l'oppidum gaulois fut élevée une forteresse. Après qu'elle eut brûlé, un château neuf fut reconstruit. De cet édifice ne reste guère que le nom donné à la commune. L'église Saint-Pierre-de-Châteauneuf s'orne d'une statuaire comparable en qualité à celle de la cathédrale d'Angoulême ou de l'abbaye de Saint-Amant-de-Boixe. Le cavalier décapité du frontispice représente probablement Constantin, libérateur de la chrétienté. Le centre de la ville est un peu austère, mais les ruelles réservent quelques surprises architecturales : chapelles Renaissance, hôtels des XVe et XVIIe siècles, logis du XVIe siècle… A la sortie du bourg, l'église Saint-Surin, toute tassée par l'âge, se tient à l'abri d'un grand cèdre.

FERME BAGATELLE

✆ 05 45 97 16 58
Dans Châteauneuf, à l'entrée en arrivant de Villebois-Lavalette ou Angoulême, Claude et Bernadette Lavaud n'ont plus d'animaux de la ferme mais ils ont créé une nouvelle activité : la balade en calèche. Ils peuvent proposer une promenade sur les crêtes de Châteauneuf, sur les bords de la Charente ou à la demande du client.

A voir - A faire

LE BAIN DES DAMES

Sous cette appellation un peu désuète se cache une baignade aménagée dans la Charente. Elle est surveillée en été. Les espaces verts alentour sont équipés de tables de pique-nique et de jeux pour les enfants.

Se restaurer

CHEZ LUDO

1, rue Jules-et-Berthe-Noblet
✆ 05 45 67 19 57
www.cavechezludo.com
ludovic.perea@orange.fr
Situé en plein centre de Châteauneuf-sur-Charente, près de l'hôtel de ville, Ludo est connu de tous. Pour sa bonne humeur, déjà, mais aussi pour sa capacité à proposer des plats gourmands et familiaux sans avoir besoin de vider son compte épargne. Chez Ludo, cependant, n'est pas uniquement une bonne table où l'on prend plaisir à venir déjeuner entre amis ou prendre un thé entre mamies, c'est aussi une pineau-thèque et des références de cognac que le patron sera ravi de vous présenter. Des

© LAVAL SÉBASTIEN/CHARENTE TOURISME

Baignade au Bain des Dames.

références de la région, des producteurs qu'il connaît et côtoie, et dont il sait parler ! A rencontrer absolument !

LA TONNELLERIE

Chemin des Quais
✆ 05 45 65 10 72
La Tonnellerie est située au bord de l'écluse de la Charente. En hiver le cadre style auberge chic est chaleureux. L'été les clients adorent la terrasse qui donne sur le fleuve. Comme le Chef ne travaille qu'avec des produits frais de saison, la carte change au moins deux fois par an. Les producteurs locaux ou proches sont privilégiés : filet de bœuf Limousin, le lemon curd de chez Moore et le vin de pays charentais du Maine Giraud. En entrée les goujons de sole et mayonnaise au citron réjouissent les amateurs de poisson. En plat, le filet ou faux-filet de bœuf ou la côte d'entrecôte de bœuf Black Angus sont très demandés. En dessert le crumble est fait maison et sur commande. La compote de pommes et pêches cuites au sirop d'érable est un régal. L'établissement dispose de 4 chambres doubles et d'un studio avec kitchenette. Toutes les chambres ont une vue sur le jardin avec piscine.

Emplettes

TESSERON COGNAC

2, boulevard Charles-Franc
✆ 05 45 62 52 61
www.tesseroncognac.com
info@tesseroncognac.com
La maison Tesseron est réputée pour sa très belle collection d'eaux-de-vie qui se place parmi les plus vieilles du monde. Elle a été initiée par Abel Tesseron qui a fondé sa propre maison de cognac en 1905, à cheval sur deux domaines séparés, l'un situé dans la région de la Grande Champagne à Boneuil et l'autre en Petite Champagne à Saint-Surin.

Il a conservé ses petites pépites dans une crypte du XIIe siècle, jadis occupée par des moines, et il les a cédées à de grands négociants en cognac. Ces derniers utilisent ces eaux-de-vie de qualité pour compléter leurs assemblages. Depuis les années 2000, l'entreprise crée ses propres assemblages, commercialisés en 2002 sous la marque Tesseron Cognac. Tous les cognacs sont des XO âgés d'au moins 10 ans. Ils se répartissent en trois collections : classiques, signatures et prestiges.

COGNAC ★★

Ville historique et cossue, Cognac a reçu l'appellation « Ville d'art et d'histoire ». Le nom de la petite cité charentaise de Cognac est connu partout dans le monde. François Ier et Jean Monnet natifs de la ville n'y sont pas pour grand-chose. La renommée internationale de Cognac est évidemment due à cette boisson alcoolisée, autrement nommée « liqueur des dieux ». Des parcours piétonniers valorisent le patrimoine urbain à travers deux thématiques : le parcours du Roy et le parcours Belle Époque. Dans les ruelles pavées, on remarque les frontons sculptés des hôtels particuliers, des logis anciens et les enseignes d'une échoppe. La place François 1er offre un cadre « royal » avec des terrasses et des restaurants. Sur la place d'Armes, le marché est inspiré des halles de Baltard. Cognac cache aussi sa richesse derrière les hauts murs de ses chais. Les maisons de négoce ouvrent leurs portes aux touristes pour une approche culturelle, mais aussi de leur savoir-faire à travers des visites guidées. Le choix est souvent cornélien, car elles ont toutes leurs spécificités. L'office de tourisme par le biais de son animateur Vincent Bretagnolle, dynamise le patrimoine et l'architecture de sa ville par des visites immobiles, visites surprises, visites OPNI (Objet Patrimonial Non Identifié)... Cognac est le point de départ idéal pour des excursions dans le pays environnant, dont les coteaux se tapissent de vignes et d'un patrimoine architectural remarquable.

■ OFFICE DE TOURISME DE COGNAC

16, rue du 14-Juillet
✆ 05 45 82 10 71
www.destination-cognac.com
bienvenue@destination-cognac.com

L'office de tourisme de Cognac est vaste et aéré. De grands crus de la « liqueur d'or » sont exposés à l'intérieur dans des vitrines. L'accueil est aimable et serviable. En été, une annexe mobile à l'Office de tourisme est mise en place. En ce qui concerne le cognac, l'office de tourisme a établi des listes de vignerons ou de maisons de négoce à visiter pour y faire votre marché ou tout simplement pour déguster. L'Office propose des idées de visites à la carte (visite pédestre de la ville, visite commentée du Musée des arts du cognac, visite de l'Espace découverte en pays de cognac) ou de séjours et excursions de un ou deux jours, et même le grand tour de la région « Cognac and Co » sur 8 jours ! Sur le site on trouve des adresses d'hébergements, de restaurants, etc.

La ville de Cognac.

■ XO MADAME

✆ 05 45 32 11 89
https://xomadame.fr
Circuits découvertes, séjours sur mesure, organisation de dégustations : cette agence met à votre disposition ses multiples contacts dans le monde du cognac pour proposer les meilleurs services à la découverte d'un terroir haut de gamme. Une véritable expérience œnotouristique, à vivre en famille, entre amis ou entre collègues.

A voir - A faire

■ A. DE FUSSIGNY

11 - 17, rue des Gabariers
✆ 05 45 36 61 36
www.adefussigny.com
Les cognacs A. de Fussigny sont élaborés dans une distillerie fondée en 1814 située dans le centre historique de Cognac, sur les rives de la Charente. Quatre gammes de cognac sont dénommées Création, Collection, Millésimes et L'Héritage. La visite de la maison inclut la visite des chais à Cognac et la découverte de la mise en bouteille manuelle et automatique. La visite permet également de comprendre comment les cognacs sont traités et assemblés et de découvrir quelles sont les gammes innovantes correspondant à l'évolution des goûts des consommateurs. Tout se termine bien sûr par une dégustation de 3 qualités de cognac : Sélection, Supérieur, et XO de la gamme Création.

CHAI MEUKOW

26, rue Pascal-Combeau
✆ 05 45 82 32 10
www.meukowcognac.com
ccgi@cdgcognac.com
Les deux frères Meukow, Auguste-Christophe et Gustav, arrivèrent à Cognac en 1850 à la demande du tsar Alexandre II de Russie. Le cognac venait à manquer à la cour et il fallait remédier à cette situation. Les deux frères installeront finalement un bureau commercial dans la ville charentaise en 1862, créant ainsi la maison Meukow. Supportée par les élites régionales et appréciée des grands à l'international, la marque se développe rapidement et est couronnée du succès qu'on lui connaît. Aujourd'hui dirigée par Philippe Coste, elle est présente dans plus de 80 pays, la maison mère ouvre ses portes au public et vous offre à voir ses plus beaux trésors. Un voyage dans le temps au milieu des meilleurs crus et des plus belles créations de la maison de cognac. N'hésitez pas à découvrir leur gamme Félin dont la représentation est l'emblème de la maison, leur gamme Paradis et leurs liqueurs aux arômes de vanille ou de café, chaque palais trouvera son bonheur dans cette marque prestigieuse.

■ CIRCUITS PIÉTONS À LA DÉCOUVERTE DE LA VIEILLE VILLE

16, rue du 14 juillet
✆ 05 45 82 10 71
www.destination-cognac.com
bienvenue@destination-cognac.com
Commencez par vous rendre à l'office de tourisme de Cognac pour vous procurer la carte des promenades de la ville. Choisissez ensuite votre parcours : le parcours orange intitulé « parcours Belle Epoque » vous invite à découvrir Cognac au XIXe siècle, le bleu intitulé « parcours du Roy » vous fait remonter le temps encore plus loin aux XVIe et XVIIe siècles.

Place François-Ier, Cognac.

Pont de Saint-Jacques.

Toute la famille participe à la promenade, les enfants pourront chercher les totems et panneaux de couleur qui jalonnent la ville pour une chasse aux trésors architecturaux. Au cours du parcours bleu, vous admirerez l'hôtel de Rabayne qui date du XVIe siècle, il comporte sur la façade une salamandre, emblème de François Ier et une citation en latin, n'oubliez pas votre calepin pour la noter et la traduire... Quant au parcours orange, il vous permettra de découvrir la façade très ornementée de la maison Boulestin, dont les décors sont d'inspiration classique.

■ COGNAC HENNESSY

8, rue de la Richonne
✆ 05 45 35 06 44
lesvisites.hennessy.com
contact@hennessy.fr

Après une traversée en bateau de la Charente, laissez-vous guider par des experts qui retracent la grande aventure de la Maison Hennessy, illustrée par un dispositif digital immersif : saga familiale, savoir-faire, rayonnement de la marque dans le monde... Une expérience à 360° qui se poursuit par la visite d'un chai traditionnel de vieillissement en activité. Aux côtés d'un expert, entrez dans la peau d'un membre du Comité de Dégustation Hennessy pour appréhender les subtilités de la dégustation. Découvrez également la seule et unique boutique Hennessy au monde, des éditions limitées aux pièces les plus exceptionnelles. La visite signature propose une découverte de l'histoire, des savoir-faire et des coulisses de la Maison Hennessy. Ultime étape de la visite : l'expérience de dégustation des cognacs Hennessy, guidée par un expert de la Maison.

La visite X.O Symbole invite le visiteur à découvrir un produit emblématique de la Marque : Hennessy X.O. La visites Exception est une visite sur réservation

Promenade dans la vieille ville de Cognac.

uniquement pour découvrir les facettes de la Maison Hennessy en se rendant notamment dans le chai du paradis et jusque dans un salon privé pour la dégustation de Hennessy X.O et Paradis. Enfin, la visite à la carte permet de composer une visite sur mesure dans des lieux habituellement fermés au public : le vignoble, la tonnellerie, le chai séculaire et la distillerie. Visite sur réservation uniquement.

■ COGNAC CAMUS

29, rue Marguerite-de-Navarre
Entrée des visites par le 21, rue de Cagouillet
✆ 05 45 32 28 28
www.camus.fr
camus@camus.fr

Dans les années 1860, Jean-Baptiste Camus crée un groupement d'exploitants auquel il donnera son nom. Le cognac Camus fait rapidement son entrée au Café de Paris, au Savoy de Londres… et même à la cour du tsar de Russie ! Le prestige de la marque est en partie lié à la passion de son fondateur, qui surveillait lui-même la distillation et le vieillissement de son cognac. Son arrière-petit-fils, Jean-Paul, perpétue cette tradition de proximité entre l'homme et le produit. Pas d'esbroufe chez Camus : la maison défend une belle authenticité qui traverse les générations depuis 130 ans. La maison est située depuis toujours sur la propriété même de la famille Camus, au château de Plessis, au cœur des vignes, avec à peu près 100 hectares de vignobles en Grande Champagne et dans les Borderies. Une maison devenue la cinquième sur le marché du cognac grâce à des viticulteurs passionnés qui ont su établir et conserver un savoir-faire exceptionnel.

N'hésitez pas à vous y rendre pour découvrir un endroit hors du temps et partager un repas raffiné avec bien sûr une dégustation des plus grands cognacs, parmi lesquels par exemple, le XO Elégance, le VSOP Elégance ou encore les gammes Rarissimes... Vous pourrez également, au cours de la visite Master blender, composer un cognac sur mesure et à votre image, et repartir avec votre bouteille de 50 cl. Différentes visites sur mesure sont proposées pour découvrir les spiritueux de la Maison Camus, avec une nouveauté cette année, la visite Camus Rarissimes avec dégustation de 3 cognacs millésimés au choix.

■ COGNAC MARTELL & CO ★

16, avenue Paul Firino Martell
✆ 05 45 36 33 33
www.martell.com
visites@martell.com

La plus ancienne des grandes maisons de cognac est née en 1715, année de la mort de Louis XIV. Originaire de l'île de Jersey, Jean Martell part à la découverte du monde et jette son dévolu... sur Cognac, où il crée sa société. La demeure du négociant-fondateur est toujours présente, au centre du domaine de 430 hectares de vignobles situés dans les crus des Fins Bois, Petite et Grande Champagne et Borderies : cru de prédilection de Martell. Toujours tournée vers l'exportation : Chine, Singapour, Taïwan, Russie, Europe, Etats-Unis... Martell allie la créativité et la tradition d'excellence depuis 1715. La maison offre une gamme variée, dont son cognac Cordon bleu, créé en 1912 : une robe couleur cuivre doré foncé, des arômes de fruits confits et de pain d'épices ; rond et moelleux marqué par des notes de prune, orange confite et cannelle... Le cognac Martell XO, rond et fruité (notes de figues et de noix), offre un caractère puissant et très fin par ses arômes. Un packaging original le protège sous forme d'étui ou d'écrin. Le cognac Martell Création, une réinterprétation de l'Extra, dévoile la riche histoire du cognac. Mariant la fraîcheur par ses arômes de fruits en confiture de citron et de zestes d'orange, mêlés de notes plus classiques boisées et épicées... Différents types de visites sont proposés selon vos attentes et vos envies, de la plus classique à la plus recherchée dans l'art de la dégustation du cognac.

A noter également la fondation d'entreprise Martell qui accueille une boutique, des ateliers pour des artistes en résidence, un univers numérique, des espaces de bureaux ainsi qu'une terrasse panoramique sur le toit. L'objectif ? Proposer un nouvel espace et une nouvelle structure dans le but de faire rayonner les savoir-faire et la culture de la Maison : www.fondationdentreprisemartell.com

LA COGNATHÈQUE

10, place Jean-Monnet
✆ 05 45 82 43 31
www.cognatheque.com
info@cognatheque.com

Avec plus de 110 marques sélectionnées pour présenter toutes les facettes de la région de Cognac (plus de 500 qualités de cognacs et une cinquantaine de pineaux), la Cognathèque, au centre-ville de Cognac, est une exposition unique en France et même dans le monde ! La quantité et la qualité des produits proposés, leur diversité, la richesse de l'information et des conseils prodigués en font une vitrine exceptionnelle.

MARTELL
COGNAC
FONDÉE EN 1715
Martell
the journey*
*NOUVEAUX PARCOURS DE VISITE
MARTELL.COM
CRÉATION GRAPHIQUE STUDIO MINJ

Cet endroit est au cognac ce que la grande Bibliothèque de France est au livre : un véritable paradis pour passionnés. Une salle de dégustation accueille de petits groupes et propose des ateliers permettant aux amateurs de partir à la découverte des secrets et des arômes du cognac. Un espace de détente et de réception, cosy et intimiste, est à la disposition des gourmets désireux de déguster des cognacs très rares. L'ensemble du magasin est d'une esthétique moderne et raffinée qui vaudrait presque à elle seule la visite ! Pour parfaire cette plongée dans l'univers du cognac, vous pouvez même aiguiser votre goût à travers un atelier dégustation : « Voyage au cœur du cognac » (sur réservation).

■ COGNAC MOYET

33, rue du Canton
✆ 05 45 84 04 53
www.moyet-cognac-brandy.com
contact@cognac-moyet.fr

C'est ce cher Euthrope Moyet qui, à près de 40 ans, fonde sa maison de cognac en 1864. Son gendre André Tessier l'accompagne immédiatement dans cette aventure et c'est avec une approche très novatrice qu'ils font émerger leur marque parmi les maisons de cognac.

En effet, les deux compères s'attachent à construire une réputation solide autour de la maison en vantant la qualité – réelle – de leurs produits. Dès la fin du XIXe siècle, ils font partie des rares à exporter à l'international, en Asie et aux Etats-Unis. Malheureusement, la guerre surprendra le jeune André qui mourra dès les premières semaines du conflit puis c'est Euthrope qui s'éteindra en 1918. Depuis, les descendants s'attachent à conserver ce qui a fait la réputation de la maison bien que son dynamisme ait été freiné en plein élan... Une maison à découvrir.

■ E. RÉMY MARTIN & CO

20, rue de la Société Vinicole
✆ 05 45 35 76 66
www.visitesremymartin.com
visites.remymartin@remy-cointreau.com

Il faut absolument faire une escale dans la maison historique pour marcher dans les pas des fondateurs et des maîtres de chais qui ont donné à cette maison un nom désormais connu dans le monde entier. On traverse trois siècles d'histoire grâce à la visite de la maison et de ses chais, et on termine par une dégustation de trois cognacs accompagnés de bouchées gastronomiques. Si l'aventure d'une belle table vous tente, un déjeuner raffiné au Club, la table d'hôtes de la maison, est élaboré par le Chef Philippe Saint-Romas, maître cuisinier de France. Pendant quatre heures, c'est l'excellence dans les assiettes à partir des fraîcheurs du marché et dans les verres. La maison organise également des ateliers autour du chocolat et du cognac, autour d'assemblages fruités, fleuris, épicés, autour de créations de cocktails, des découvertes de cognacs d'exception ou encore une initiation au Louis XIII, l'un des fleurons de la maison.

On peut compléter la visite par le Domaine de Merpins et sa précieuse réserve d'eau-de-vie de cognac Fine Champagne. La maison possède également une distillerie à Touzac qui se visite sur rendez-vous et le Domaine du Grollet qui produit des vins rouges aux arômes puissants.

© CHARENTE TOURISME

Alambic de la Maison Baron Otard.

MAISON BARON OTARD ★

Château de Cognac
127, boulevard Denfert-Rochereau
✆ 05 45 36 88 86
www.baronotard.com
infovisite@baronotard.com

Le château où naquit François Ier dans le centre de Cognac abrite aujourd'hui la célèbre maison Otard, fondée à la fin du XVIIIe siècle par le baron du même nom. Ce lieu chargé d'histoire est magique et sa visite est un grand moment. Le château a traversé plus de sept siècles et garde des cicatrices mais aussi des richesses de chaque époque. C'est une mosaïque disparate de salles, d'ombres et de lumières. La cave, fermée par des murs de plus de deux mètres d'épaisseur, garde une température constante quelle que soit la saison et baigne dans une humidité permanente qui assure un vieillissement idéal des eaux-de-vie. Une salle en retrait, le Paradis, cache derrière une lourde grille les plus précieuses eaux-de-vie. Une belle exposition retrace également l'histoire de la marque. La visite s'achève par la boutique où se déclinent toutes les productions de la maison Otard. Pour la petite histoire, le baron Jean-Baptiste Otard rejoint ses terres après avoir été emprisonné et condamné à mort en 1793. Libéré par le peuple, il s'installe au château royal de Cognac en 1795 et crée son cognac. Il devient maire du village, et est promu chevalier de la Légion d'Honneur. Son cœur repose en l'église Saint-Léger. Le château révèle un trésor pour la conservation du cognac. Otard vendait environ 1,5 million de bouteilles par an, dont 90 % à l'exportation : Belgique, Grande-Bretagne, Extrême-Orient, Malaisie... Les cognacs Baron Otard sont connus depuis longtemps pour leur caractère doux, équilibré par des arômes floraux. La Maison Otard vous offre le plaisir d'apprécier, par exemple, son V.S, idéal pour servir de base à des cocktails ou à l'apéritif. Sa robe de couleur or cache des arômes intenses et fruités. Son VSOP, élégant et très fin, cachant des arômes floraux, de feuilles de tilleul ou de tabac.

Plutôt rond, il offre un caractère noble. Le cognac Baron Otard Extra 1795, longtemps reposé en fût, offre un bouquet de différentes saveurs de fruits secs relevés par des notes d'orange. Il est riche par son moelleux de la Grande Champagne, d'où une qualité exceptionnelle et très riche. Visite virtuelle sur le site Internet.

MUSÉE DES ARTS DU COGNAC

Place de la Salle Verte
✆ 05 45 36 21 10
www.musees-cognac.fr
musees.cognac@ville-cognac.fr
Le musée des arts du cognac s'est installé au cœur de la vieille ville dans le bel hôtel Perrin de Boussac et à l'emplacement des chais Marett. Il associe une architecture classique, avec une façade classée Monument Historique, et une intervention contemporaine qui s'adosse au rempart du XVIIe siècle. Ce musée permet de tout savoir sur cette fameuse et célèbre eau-de-vie, de son origine à sa terre, son commerce, son histoire, son élaboration et l'imaginaire qu'elle suscite. En parallèle, on découvre aussi l'histoire de la ville, son développement économique et industriel, son patrimoine architectural... Les salles se succèdent selon certaines thématiques relayées par des ambiances sonores, olfactives, visuelles, etc., où l'on comprend l'incidence du breuvage dans la région. En effet, le cognac a induit toutes sortes d'activités, d'industries, de savoir-faire, alliant technologie et tradition, histoire et modernité... C'est la visite idéale pour compléter celle que vous ne manquerez pas de faire dans l'un des chais des grandes maisons de cognacs : Hennessy, Martell, Rémy Martin, et bien d'autres...

PARC FRANÇOIS IER

Allée basse du parc
www.ville-cognac.fr
Le parc François 1er est un site classé depuis 1943. D'une superficie de

Cloître du Prieuré des Bénédictines, Cognac.

48 hectares, il est de par sa conception un lieu de visite plaisant pour toute la famille. Sans cesse aménagé, il a en projet la création d'une mare forestière ou encore de la mise en place d'une signalétique. Le parc se visite gratuitement pendant les horaires d'ouverture de la mairie, selon disponibilités. Des visites de groupes peuvent également être organisées en dehors des horaires d'ouverture de la mairie au tarif de 1 € par personne. Au programme des visites : histoire du site et découverte de la biodiversité, faune et flore du parc François 1er. A visiter également, juste de l'autre côté de la Charente, le bois du Portail d'une superficie de 23 hectares, en accès libre.

© HERRENECK - STOCK.ADOBE.COM

Rue de Cognac.

Se restaurer

■ L'ARTY SHOW

23, rue du Pont Faumet
✆ 09 53 57 27 83
www.larty-show-cognac.fr
contact@larty-show-cognac.fr

C'est le genre de restaurant qu'on aime trouver au hasard d'une rue. A l'extérieur une ardoise affiche le menu du jour : une entrée, un plat et un dessert. Point barre. Ça plaît ou pas. Si ça plaît on pénètre dans l'antre de Nathalie, la Cheffe qui accueille avec un grand sourire. Cette maraîchère bio s'est associée à Delphine, traiteur sous la halle. La déco c'est de la récup sur fond de mur en pierre mais attention, la disposition est bien pensée et tout est en parfaite harmonie. On connaît le menu donc pas de surprise et c'est délicieux. Les plats sont copieux et astucieusement préparés. Un vrai régal... On peut aussi prendre une boisson dès le matin et jusqu'à 15 heures.

LE BISTROT DE CLAUDE

35, rue Grande
✆ 05 45 82 60 32
www.bistro-de-claude.com

Le Bistrot de Claude est une adresse que tous les Cognaçais connaissent, mais dont les touristes n'entendent pas forcément parler... Les bonnes adresses se gardent secrètement ! Ouvert uniquement en semaine, ce restaurant chic propose une cuisine traditionnelle avec un je-ne-sais-quoi de rafraîchissant. La présentation des plats est toujours une réussite tandis que la qualité des produits est une évidence une fois que l'on y a goûté. Les poissons viennent directement de la criée... Au menu du soir : queues de langoustines en tempura, mayonnaise légère au wasabi, suprêmes de pigeonneau à la plancha et son jus et café gourmand. Le tout est accompagné d'une jolie carte de cognacs, évidemment !

LE CHAI

42, allée de la Corderie
✆ 05 45 35 42 77
www.restaurant-lechai.com
le-chai53@orange.fr
Dans ce restaurant situé en plein centre-ville de Cognac, le binôme de cuisiniers Kévin Goursaud et Olivier Prud'homme vous régale de leur cuisine traditionnelle mais revisitée : terrine de foie gras de canard maison aux langoustines fraîches, rognon de veau entier cuit à la plancha et caillebotte charentaise (lait cru entier caillé) et son verre de cognac. Vous pourrez accompagner ces plats d'un bon verre de cognac en apéritif ou en digestif ! La salle peut accueillir jusqu'à 60 personnes, l'idéal pour organiser un petit séminaire à Cognac, suivi de diverses dégustations ! Vous vous sentirez bien dans ce restaurant qui reflète bien l'esprit des chais et la région cognaçaise.

LE COQ D'OR

33, place François Ier
✆ 05 45 36 10 29
Le Coq d'Or est l'un des plus anciens restaurants de Cognac. Derrière une façade grise et des grandes ouvertures on découvre un établissement style brasserie où le Chef fait la part belle aux produits frais et du terroir : tartare de saumon et truite de Gensac-la-Pallue, crème montée et œufs de saumon ou mottin charentais chaud en persillade et mouillettes de pomme de terre. La choucroute classique et la choucroute marine font partie elles aussi des spécialités de la maison.

LA COURTINE

Parc François-Ier
✆ 05 45 82 34 78
www.restaurant-la-courtine.fr
Elegant et chaleureux, la réputation du restaurant La Courtine n'est plus à faire. Situé au cœur du parc François Ier de la ville de Cognac, il possède ainsi une terrasse donnant sur un havre de verdure. Sa décoration soignée est tout à fait en accord avec ses plats succulents et parfaitement présentés. En entrée, nous vous recommandons le flan de gorgonzola au parme et noisettes, parfumé et savoureux puis une tranche de foie de veau poêlé aux griottes, une merveille ou le dos de cabillaud rôti au romarin avant de terminer en douceur avec une panna cotta au Grand Marnier et oranges confites par exemple.

LE DUGUESCLIN

9, rue du 14-Juillet
✆ 05 45 82 46 22
Un restaurant connu à Cognac pour l'ambiance sympathique et conviviale. On y déjeune ou on y dîne. Les plats sont copieux et on y trouve à coup sûr ce qui nous fait toujours envie : pavé de bœuf servi avec frites, tagliatelles, galettes de légumes ou galettes salées fondantes, salades fraîches, crêpes sucrées, pizzas, omelettes, et bien d'autres plats traditionnels.

Emplettes

BOUTIQUE DESTINATION COGNAC

16, rue du 14 Juillet
✆ 05 45 82 10 71
www.tourism-cognac.com
La Boutique Destination Cognac, c'est l'arrêt obligé pour qui veut repartir avec une idée cadeau authentique et éthique, autrement dit une idée cadeau pleine de sens.... et pour les sens ! Ici, vous trouverez en effet des produits

© VALERY ROKHIN - STOCK.ADOBE.COM

Hôtel de ville.

issus du savoir-faire local, des produits gastronomiques du terroir qui feront le bonheur de vos papilles, parmi lesquels palets au beurre charentais, rillettes d'oie, moutarde, miel, chocolat, baume de Bouteville... Mais aussi des produits artisanaux (bijoux, savons, peinture sur porcelaine et faïence...). La Boutique Destination Cognac, c'est aussi un large choix de livres, jeux de cartes, mugs, tee-shirts. Sans oublier bien entendu les incontournables charentaises. A noter que la boutique est également présente à Jarnac, Segonzac et Châteauneuf-sur-Charente.

■ COMITÉ NATIONAL DU PINEAU DES CHARENTES

112, avenue Victor-Hugo
✆ 05 45 32 09 27
www.pineau.fr
pineau@pineau.fr

Le Comité national du pineau des Charentes rassemble des passionnés de la filière qu'ils soient producteurs ou négociants. 12 viticulteurs et 12 négociants (désignés par leurs syndicats respectifs) composent l'Interprofession.
La boutique en ligne vous propose une très large gamme de produits issus de différentes propriétés.

Sports / loisirs / activités

■ PORT DE PLAISANCE

✆ 06 60 49 78 60

Autrefois port de commerce actif, le port de Cognac offre aujourd'hui aux plaisanciers un site d'amarrage fonctionnel et accueillant au cœur de la ville. Il répond aux besoins et aux attentes des adeptes du tourisme fluvial (40 places). Le loueur de bateaux sans permis Les Canalous est implanté dans ce port où vous pouvez donc louer des embarcations : www.lescanalous.com – tél : 03 85 53 76 74.

S'amuser - Sortir

INDIGO BY MARTELL

16, avenue Paul Firino Martell
5e étage de la Fondation d'Entreprise Martell ✆ 05 45 36 34 65
www.martell.com/fr-fr/indigo-martell
barindigo@martell.com

Au sommet de la Fondation d'entreprise Martell, découvrez un bar à cocktails unique avec une vue panoramique sur la ville et ses environs. Au programme : des classiques du genre et des recettes innovantes avec comme produit phare les cognacs de la maison.

LA LUCIOLE

14, place du Solençon
✆ 05 45 81 70 11
www.bar-luciole.com
info@bar-luciole.com

Ce bar à cocktails, niché dans le bâtiment de l'ancien garage Auger, est dédié presque entièrement au cognac. Le gérant, Guillaume Le Dorner, a voulu en faire un temple du cognac : un mur de 20 m^2 est rempli de bouteilles de cognac avec plus d'une cinquantaine de références et 12 des 18 cocktails sont à base de cognac... Côté déco un bar en chêne à l'entrée rappelant les fûts, des lumières qui ressemblent un peu à des lucioles et des canapés style anglais bien confortables. Côté ambiance musique soul et jazz des années 70...

LE 1838

50, avenue Paul Firino Martell
✆ 05 17 22 32 23
www.chaismonnethotel.com
contact@chaismonnethotel.com

Plongez dans l'univers enveloppante du 1838, ce bar à cocktails au cœur de l'Hôtel Chais Monnet. Installé dans l'un de ses confortables canapés, laissez-vous tenter par l'un des 220 cognacs proposés à la dégustation, parmi lesquels des grands noms mais également des maisons plus confidentielles. Les vendredis et samedis soir, vous pourrez même y écouter du jazz.

LOUISE

1, place François Ier
✆ 05 45 80 80 80
www.barlouise.com
louise@barlouise.com

Un lieu cossu et design, un havre de paix au cœur de Cognac, le bar Louise – à côté de l'Hôtel François Ier auquel il est rattaché – est le bar à cocktails incontournable de la ville. La décoration contemporaine est soignée. L'accueil est charmant, le service dynamique et les cocktails sont de petites merveilles qu'il serait impoli de bouder. On vous recommande chaudement le Old Fashioned et le June et Champagne. Les aficionados des grands classiques trouveront également de quoi satisfaire leur gourmandise.

JARNAC ★

Bordée par la Charente et entourée de vignes, la petite ville de charme de Jarnac doit sa prospérité à de grands noms du négoce du cognac et sa notoriété au plus célèbre de ces enfants du pays : François Mitterrand. James Delamain a été le premier à fonder une maison de cognac. D'autres vont suivre : Courvoisier, Royer, Hine, Tiffon Bisquit, etc.

MARTELL
COGNAC
FONDÉE EN 1715
MARTELL
INDIGO
BY MARTELL
BAR ROOFTOP
MARTELL.COM
L'ABUS D'ALCOOL EST DANGEREUX POUR LA SANTÉ. À CONSOMMER AVEC MODÉRATION.

Les quais sont redevenus tranquilles après avoir connu l'effervescence du négoce et sont désormais dédiés à la plaisance. On flânera avec plaisir sur la Chaussée des Moulins, vers l'écluse, dans le jardin public ou sur les quais. La Charente invite à la navigation en bateau, mais aussi en canoë, à la pêche aux côtés des martins-pêcheurs et des hérons cendrés.

A voir – A faire

COGNAC COURVOISIER – MUSÉE COURVOISIER

2, place du Château
✆ 05 45 35 56 16
www.courvoisier.com
visites.courvoisier@beamsuntory.com
La maison Courvoisier est indissociable de Napoléon Ier. Pourquoi ? Tout simplement parce que le dénommé Emmanuel Courvoisier et son compère Louis Gallois étaient les fournisseurs de la cour impériale. Le Petit Caporal, lors de son exil à Sainte-Hélène, n'oublia pas d'emmener plusieurs barriques de cognac Courvoisier avec lui. Pour se rappeler le bon vieux temps, rien de tel ! Les officiers anglais chargés de sa surveillance goûtèrent, eux aussi, cette eau-de-vie qu'ils appelèrent « brandy of Napoleon ». Félix Courvoisier, fils d'Emmanuel, s'installa à Jarnac en 1835. En 1869, la maison Courvoisier devint une nouvelle fois le fournisseur de la cour des Bonaparte. Cette fois-ci, il s'agissait du neveu, Napoléon III. Pour la petite histoire, il imposait une ration de cognac à ses troupes militaires chaque matin. Avec les successeurs, les héritiers de Félix Courvoisier, les neveux, l'activité se développe en 1940, avec un marché en Angleterre. La maison, grâce à Napoléon Bonaparte obtient le titre de « fournisseur officiel de la cour impériale », au XIXe siècle, et le cognac Courvoisier s'installe dans toutes les cours royales. Toujours considéré comme un excellent cognac, un des meilleurs du monde, avec évidemment et sans surprise... le buste de Napoléon comme emblème. Vous pouvez effectuer toute une gamme de visites, depuis les visites classiques jusqu'à la visite « De la vigne au verre ». Au programme des visites : musée historique, dégustations sensorielles, découverte d'un paradis abritant des cognacs de l'époque de Napoléon, visite de la tonnellerie où les barriques de cognac sont fabriquées selon les méthodes les plus traditionnelles…

COGNAC TIFFON-BRAASTAD

29, quai de l'île Madame
✆ 05 45 36 87 00 – www.tiffon.com
contact@cognac-tiffon.com
La maison Tiffon, produisant du cognac depuis 1875, a été reprise en 1919 par Sverre Braastad, jeune norvégien venu s'établir à Jarnac en 1899 et y faire souche en épousant une fille Tiffon. Leurs descendants de quatrième génération poursuivent l'activité familiale avec la culture de 40 ha de vignes des crus de Grande Champagne et de Fins Bois, une distillerie comptant 10 alambics et 13 chais de vieillissement différents. Leurs nectars ont été maintes fois primés à l'instar du VSOP, médaillé d'or au concours Prodexpo en 2015. Vous pourrez visiter, sur rendez-vous, son magnifique musée où se dévoilent ses collections de bouteilles anciennes et de tous les outils et accessoires utilisés traditionnellement pour la production, l'embouteillage et le vieillissement de leurs cognacs réputés. Un coin dégustation y est aménagé. Vous pouvez en avoir un aperçu à 360° sur son site : www.cognac-tiffon.fr.

Tourisme fluvial sur la Charente

COGNAC LOUIS-ROYER

27-29, rue Chail
© 05 45 81 02 72
www.louis-royer.com
cognac@louis-royer.com

Ici, l'élaboration du cognac est une véritable épopée. Louis Royer, le créateur éponyme de l'entreprise (en 1853) était apiculteur. Les amateurs de miel sont toujours un peu poètes... comme les amateurs de vin, après tout, et l'homme a, sous Napoléon III, tendu un arc, il ne restait plus, à ses successeurs, qu'à lui rester fidèles... Après avoir longtemps appartenu à un groupe japonais, la maison de cognac renommée entame une nouvelle vie. De retour dans le giron français depuis 2015 grâce au groupe de la famille Picard. Pas question pour autant de remettre en question les techniques de travail et la qualité des produits ! Vieillissement en fûts de chênes, les équilibres des cépages Ugny Blanc, Folle Blanche, Colombart, la distillation en retenant les principes naturels de Louis Royer, de la passion et de la science, à parts égales... le nom de Louis Royer s'exporte dans le monde entier... cognacs VS, VSOP, « Force 53 », Napoléon, XO, Extra Grande Champagne, mais aussi la Collection des Distilleries, et aussi des liqueurs.

Les compétences de la maison ne s'arrêtent pas là, on fait ici également du pineau (on vous narrera comment il fut, en 1589, découvert « par hasard »), blanc ou rosé.

ÉGLISE SAINT-PIERRE

Grand rue

L'église du Prieuré de Saint-Pierre date du VIIIe siècle et fut occupée par des bénédictins dès la fin du XIe siècle. La nef est rectangulaire et se divise en trois travées. De préroman, le style devient roman, le clocher est surélevé d'un étage, et la crypte est construite sous le chœur.

Au XIIIe, le style gothique apparaît, et une crypte carrée ainsi qu'un chœur à chevet prennent la place des anciens qui ont été démolis. Les protestants incendient l'église au XVIe siècle, mais elle est ensuite reconstruite. La façade est une copie de celle de l'abbaye de Châtres à Saint-Brice. Le chœur, le clocher ainsi que la crypte sont classés Monuments historiques. A noter que François Mitterrand y a été baptisé le 6 mai 1917 et ses obsèques y ont eu lieu le 11 janvier 1996.

LES FRÈRES MOINE

Chassors
1, rue de la Boucle
© 05 45 80 98 91
www.moinefreres.fr
contact@moinefreres.fr

Yann et Gabriel Moine sont viticulteurs et bouilleurs de cru de père en fils, leur philosophie : l'excellence et la tradition familiale qu'ils respectent et honorent au quotidien. Ce domaine s'étend sur 40 ha, plantés en ugni blanc, merlot, cabernet sauvignon et chenin blanc ainsi que du gamay et du colombard sur quelques ares. Ici le protagoniste principal c'est la vigne qu'on laisse s'exprimer pleinement, avec maîtrise et discernement. Ils proposent un circuit complet autour du chêne et du cognac, chez le « merrandier », puis dans une tonnellerie et ensuite dans une distillerie pour une découverte vivante du fonctionnement de l'alambic et de la bonne chauffe charentaise, vous serez incollable sur la naissance du cognac !

Intérieur de la maison natale de François Mitterand.

Enfin, vous pénétrerez dans les chais où vieillissent les eaux-de-vie précieuses, et clôturerez cette visite par une dégustation de cognac ou de pineau. Grâce à l'originalité et à la qualité de leurs visites, les frères Moine ont obtenu la médaille d'or aux Trophées de l'œnotourisme 2020.

■ MAISON NATALE DE FRANÇOIS MITTERRAND ⭐

22, rue Abel Guy
✆ 05 45 35 46 08
www.maison-natale-francois-mitterrand.org
Entrée par le 22 bis, rue Abel Guy.

La visite se déroule dans les pièces à vivre de la maison. On y découvre donc l'histoire de la famille Mitterrand et l'enfance de celui qui deviendra président de la République de 1981 à 1995. Le mobilier et les objets conservés depuis quatre générations, ainsi que de nombreux documents (discours, manuscrits du Président) offrent une plongée dans le temps et une plongée dans l'univers d'un homme dont l'empreinte est toujours fortement ancrée dans cette commune.

Accès libre au jardin dans lequel vous verrez l'ancien bâtiment de la vinaigrerie familiale, la tonnellerie, ainsi que le lavoir de la maison. L'établissement fait désormais partie du circuit des Maisons des illustres, label décerné par le ministère de la Culture ayant vocation à distinguer les lieux qui perpétuent la mémoire d'hommes et de femmes ayant influencé l'histoire locale ou nationale.

MUSÉE FRANÇOIS MITTERRAND ★★

10, quai de l'Orangerie
✆ 05 45 81 38 88
www.musee-francois-mitterrand.org

C'est à Jarnac, sa ville natale, qu'est naturellement implanté le Musée François Mitterrand. Ce musée constitue la quatrième et dernière donation de l'ancien président. La salle des donations renferme plus d'une centaine d'objets offerts au Président par des personnalités du monde entier. Dans la deuxième partie du musée, la salle des architectures capitales, le visiteur est invité à découvrir les maquettes des grands travaux réalisés durant deux septennats, à l'image de la Bibliothèque Nationale de France ou l'Opéra Bastille... Enfin, un espace est également réservé à une exposition annuelle sur des thèmes variés.

THOMAS HINE AND CO

16, quai de l'Orangerie
✆ 05 45 35 59 59
www.hinecognac.com – info@hine.com

La maison Hine est fondée en 1763 et s'installe aujourd'hui sur les bords de Charente. Résolument moderne, elle se trouve toujours là où on ne l'attend pas. Ses cognacs fins et subtils ont déjà séduit les plus grands et se retrouvent partout dans le monde. La Maison Hine, qui possède la Certification Environnementale Cognac et le label Haute Valeur Environnementale est le seul fournisseur officiel de cognac de la Cour d'Angleterre. Cependant, la maison Hine ne se repose pas sur ses lauriers et offre une expérience quasi quotidienne à ses clients en découvrant les dessous et l'art de vivre selon Hine. A travers une page Instagram régulièrement alimentée, Hine dépoussière l'image de la maison de cognac. Non, vous ne verrez pas souvent un alambic délicatement éclairé par un feu de bois mais des clichés chics, parfois plein d'humour, qui rangent au placard les images d'Epinal des vignes et des caves. Cocktails alléchants, évocations imagées des parfums de l'alcool, Hine est sans

Canoë Kayak.

aucun doute LA maison de cognac branchée. Et les jeunes gens ne s'y trompent pas...

Se restaurer

■ L'ALAMBIC

16, place du Château
✆ 05 45 81 19 58
www.alambic-restaurant.com
alambic.restaurant@gmail.com
Une brasserie traditionnelle en plein cœur de Jarnac, juste à côté de la maison de cognac Courvoisier. Le Chef travaille des produits régionaux très simplement : foie gras maison et son mesclun de salade accompagnée de tranches de pamplemousse rose, selle d'agneau et purée de carotte, hamburger maison, etc.

■ KARINA

Les Metairies
✆ 05 45 36 26 26
http://hotelkarina.net
info@hotelkarina.net
On est à quelques minutes de Jarnac dans un écrin de verdure. Le restaurant est installé dans une ancienne distillerie offrant une salle splendide. Pierre, le Chef de cuisine, décline à base de produits frais des plats originaux comme les beignets de moules, sauce piquante et sa petite salade ou le camembert frit sauce framboise en entrée ou encore la volaille farci au Saint Môret avec une salsa de tomates, ou le burger « Karina » avec gorgonzola ou comté. Le vendredi soir c'est *fish & chips*, cabillaud frais et frites maison avec ses accompagnements traditionnels...

■ RESTAURANT DU CHÂTEAU

15, place du Château
✆ 05 45 81 07 17
www.restaurant-du-chateau.com
La carte de Ludovic Merle évolue au fil des saisons suivant le marché et l'arrivée des produits du terroir : poissons et crustacés du port de La Côtinière sur l'île d'Oléron, huîtres de Marennes, volaille et agneau du Poitou, légumes des maraîchers locaux.
Le Chef, qui a un penchant pour l'exotisme, vous invite à sa table pour découvrir les plats qu'il élabore avec passion. Les formules du midi sont plutôt bistrot, tandis que la carte et les autres menus sont eux plus gastronomiques. Commençons par le tartare de saumon frais et fumé, avant de poursuivre ce voyage avec de l'agneau confit au romarin, coco cuit au jus de canard et huile de noix. Et pour finir, vous prendrez bien un baba bouchon punché au Grand Marnier chantilly et ananas rôti ?

Sports / loisirs / activités

■ RANDONNÉES FLUVIALES

Quai de l'Orangerie
✆ 06 87 55 20 49
www.randonneefluviale.fr
mail@randonneefluviale.fr
La Charente, qui a autrefois tant vu passer de bateaux commerciaux, tirés parfois le long des chemins de halage, voit aujourd'hui passer les bateaux de plaisance et leurs équipages plus oisifs que les matelots d'antan ! Il faut dire que la vallée de la Charente se prête à de telles promenades fluviales : les berges verdoyantes et le doux clapotis de l'eau, les demeures superbes construites grâce à la richesse du Cognaçais, ces balades encouragent à la rêverie ! Location de bateaux à moteur sans permis, de pédalos, canoës, kayaks, stand up paddles et VTT/VTC.

ROUILLAC

L'histoire raconte que Rouillac aurait une origine gallo-romaine. Un certain Rullus aurait fait construire une villa au bord de la voie Agrippa. La célèbre foire mensuelle du 27 trouverait son origine dans une foire commerciale antique.
La commune a fait restaurer l'église Saint-Pierre afin de valoriser ce patrimoine classé Monument historique. Elle possède une belle abside et un clocher octogonal. Des circuits balisés permettent de découvrir des fontaines votives consacrées depuis l'Antiquité (Font Franchaud, Font de Bonneuil, Font Pélerine). Rouillac abrite 2 zones Natura 2000. A l'est de la mi-mars à fin août plus de 30 espèces d'orchidées protégées fleurissent sur les coteaux.
Autre visite à ne pas manquer : le théâtre gallo-romain des Bouchauds à Saint-Cybardeaux.

■ OFFICE DE TOURISME DU ROUILLACAIS

Place Gambetta
✆ 05 45 21 80 05
www.rouillac-tourisme.fr
otdurouillacais@gmail.com

Se restaurer

■ AUBERGE DES FINS BOIS

222, avenue Jean Monnet
✆ 05 45 70 86 79
www.aubergedesfinsbois.com
Voici un restaurant en bordure de départementale qui vaut largement le détour. Que ce soit en terrasse ou dans la grande salle parée de vieilles pierres, laissez-vous happer par la convivialité et la chaleur ambiante d'un lieu où l'accueil n'est pas un vain mot. Venez découvrir une cuisine familiale et raffinée. La carte vous propose des plats régionaux et portugais à prix tout doux. La fraîcheur des ingrédients et leur préparation avec goût ainsi que leur présentation créative fera de ce moment un excellent souvenir.

■ LA ROUTE DE L'OUEST

104, rue Louis-Maurin
✆ 05 45 25 40 95
alain.boymenu0145@orange.fr
A l'extérieur de ce restaurant quasiment caché dans une ruelle près du champ de foire, l'esprit de la déco est effectivement raccord avec le nom de l'établissement : des personnages de Lucky Luke égayent la terrasse. A l'intérieur, c'est différent. Le métal est très présent, chaises, tables, bar mais surtout sous la forme d'une grande arborescence s'étalant sur le mur et le plafond. Arbre dont les fruits sont des passoires, des pots à lait, des lanternes, des casseroles. Original. La carte d'Alain Boymenu est assez fournie et variée tant pour les goûts que pour les porte-monnaie.

Emplettes

ATELIER DE CONSERVERIE ET VINAIGRERIE

293, route d'Angoulême
✆ 05 45 21 72 75
www.francoisefleuriet.com
francoise.fleuriet16@orange.fr
Il est des trésors qui méritent que l'on se donne la peine de les trouver, alors ne suivez pas votre GPS et depuis le centre-ville de Rouillac, allez en

direction de l'église, puis allez tout droit et vous trouverez la vinaigrerie sur votre gauche un peu plus loin. Lors de la visite de la vinaigrerie les propriétaires font partager leur passion avec ferveur. Parmi les spécialités : le vinaigre de pineau blanc ou rosé qui accommode avec finesse les salades, le confit d'oignons rouges au pineau des Charentes mais chacune des spécialités mérite le détour. La conserverie est ouverte très souvent.

Sports / loisirs / activités

LA VOIE VERTE « LE PETIT ROUILLAC »

La voie verte relie Rouillac à Asnière-sur-Nouère sur une dizaine de kilomètres. C'est une piste cyclable ouverte aux piétons et interdite à tous les véhicules à moteur. Cette voie traverse des sous-bois, des vallons et offre aux promeneurs de très belles vues sur les rivages de la Nouère.

SAINT-SIMON

C'est dans ce village sur les rives de la Charente que se trouvaient d'importants chantiers navals où étaient construites les gabares, qui assuraient la navigation commerciale sur le fleuve. En conséquence, c'est également dans ce bourg qu'étaient recrutés la plupart des matelots. Un petit parcours découverte évoque ces ouvriers, artisans de l'ombre du succès commercial du cognac.

VILLAGE GABARRIER

✆ 05 45 97 33 40
www.village-gabarrier.fr
village-gabarrier@wanadoo.fr

Le village de Saint-Simon accueillait trois chantiers navals. On y fabriquait les gabarres qui acheminaient jusqu'à la mer le cognac, le papier, le sel, le bois mais aussi les pierres des carrières, etc. Une activité fourmillante y régnait, entre le passage des bateaux chargés de marchandises et le travail de construction des gabarriers. Aujourd'hui, les traces de cette activité sont encore visibles dans le village, suivez les panneaux du circuit de découvertes, il commence sur la place près de l'église et de la maison des gabarriers. Il se divise en deux parties, une partie visite de Saint-Simon et de son histoire et une partie sur le hameau de Juac pour la découverte de la gabarre. N'oubliez pas de vous arrêter sur la place de l'église un panneau très instructif vous éclairera sur la vie et l'histoire du village.

LA MAISON DES GABARRIERS ★

Le Bourg
✆ 05 45 97 33 40
www.village-gabarrier.fr
village-gabarier@orange.fr

Dans une demeure typique des XVIIIe et XIXe siècles, la maison des Gabarriers présente une exposition retraçant l'histoire du fleuve Charente mais aussi des hommes du fleuve ainsi que les métiers du bois, notamment la fabrication des gabarres avec l'exposition d'outils anciens de charpentiers calfats et de maquettes de bateaux ayant navigué sur la Charente. Tout un programme pour une vision globale, racontée de manière ludique afin d'appréhender en toute simplicité tous les aspects de la vie autour du fleuve et de maintenir vivant le souvenir des anciens de Saint Simon. Une visite ludique, à coupler avec une balade en gabarre.

SEGONZAC

Segonzac a été la première ville française à obtenir en 2011 le label « Città Slow ». Ce label créé en Italie en 1999 dans la lignée du Slow Food est décerné aux villes où il fait bon vivre selon 70 critères variés (environnement, commerces de proximité, bruit, hospitalité...). Ce label a cependant encore du chemin à se faire dans l'esprit des habitants qui l'assimilent à un manque de dynamisme. Pourtant, son obtention a porté la lumière des médias sur la petite cité et la mairie semble se démener pour que la qualité de vie ne soit pas synonyme de désert rural et affiche une sorte de dynamisme tranquille.

A voir - A faire

ÉGLISE SAINT-PIERRE

L'église Saint-Pierre possède un beau clocher porche. Sa flèche en pierres imbriquées les unes dans les autres fait penser à une pomme de pin.

MICHEL FORGERON

Chez Richon ✆ 05 45 83 43 05
www.cognacforgeron.com
Dans sa superbe propriété en pierre de pays et toit d'ardoise, le couple Forgeron reçoit avec le sourire les visiteurs curieux de connaître ses méthodes de travail, sa production et les secrets de son cognac ! Un véritable moment de plaisir en compagnie des viticulteurs qui ne tarissent pas sur le sujet, de vrais passionnés ! Et tout cet amour se ressent dans la production du domaine. A visiter impérativement !

LA TABLE D'ORIENTATION

La table d'orientation est indiquée depuis la D18 entre Segonzac et Garancille. La petite route conduit jusque Chez Allard et traverse un petit bois pour ménager le suspense. Tout d'un coup se dévoile un panorama à couper le souffle. Tout à fait magnifique.

LE TEMPLE

Rue Paul Beau
Le temple de Segonzac, construit au XIXe siècle, se remarque par son beau fronton sculpté d'une bible et ses dimensions importantes qui témoignent de l'importance du protestantisme dans la région.

Se restaurer

LA CAGOUILLARDE

18, rue Gaston-Briand
✆ 05 45 83 40 51
www.lacagouillarde.com
La petite façade cache bien son jeu et garde derrière elle un restaurant particulièrement recommandable ! Les Chefs prennent soin de travailler les produits du terroir pour révéler toutes les saveurs de la Charente. Du sarment de vigne au cognac, tout est bon pour mettre en relief, à travers la cuisine, les produits qui font la renommée de la Charente. L'adresse est connue, reconnue et abordable, il est donc prudent de réserver votre table.

Emplettes

COGNAC PIERRE DE SEGONZAC

1, La Nérolle
✆ 05 46 30 22 14
www.pierredesegonzac.com
info@pierredesegonzac.com

Ségonzac et son vignoble.

Chai de cognac.

Cette maison de cognac ne date pas d'hier. En 1702, Jacques Ferrand était déjà laboureur et vigneron distillateur à Biard, un lieu-dit sur la commune de Segonzac. Le vignoble familial se situe aujourd'hui à Nérolle, toujours sur la commune de Segonzac. Fort de l'enseignement de ses ancêtres, le jeune Pablo Ferrand perpétue la tradition et ne négocie que de vieux cognacs et pineaux élaborés comme autrefois. Pierre Ferrand, le grand-père de Pablo qui a créé la marque Pierre de Segonzac, a commencé à distiller dans les années 60. L'Ancestrale est une coupe d'eaux-de-vie exceptionnelle, car la plus vieille remonte à 1924.
Cette eau-de-vie a été distillée par les grands-parents de Pierre Ferrand qui s'en servira dans les années 90 pour confectionner son Ancestrale. Les coupes les plus jeunes de Pierre de Segonzac ont un minimum de quatre ans pour les VSOP avant d'être commercialisées. Deux cognacs (le XO Sélection des Anges et Le XO Extra) ont obtenu chacun en 2015 une médaille d'or au Challenge International du vin qui se déroule tous les ans à Bordeaux.

DOMAINE BREUIL DE SEGONZAC

Lieu-dit Chez Collet
✆ 05 45 83 41 79
dombreuil.segonzac@orange.fr
Au cœur du terroir de l'appellation Grande Champagne, à 10 minutes de Cognac, se niche le plus grand vignoble bio de la région. C'est une pépite pistée par les amateurs de cognacs, pineaux et vins rouges, blancs et rosés... biologiques ! Le domaine datant du XIXe siècle et ses 57 hectares appartiennent depuis 2017, au groupe américain, Sazerac. Sa boutique d'accueil et de dégustation habituellement ouverte toute l'année est provisoirement fermée jusqu'au printemps 2021 pour restructuration.

MAISON DE LA GRANDE CHAMPAGNE

2, rue Gaston-Briand
✆ 05 45 35 39 72
www.maisongrandechampagne.com
contact@maisongrandechampagne.com
Accolée à l'office de tourisme, la Maison de la Grande Champagne est une belle porte d'entrée dans le monde du cognac. 17 producteurs adhèrent à cette Maison. La boutique est tenue à tour de rôle par des viticulteurs, membres de l'association, pour présenter les produits et conseiller les visiteurs.

MAISON PAUL BEAU

18, rue Millardet
✆ 05 45 83 40 18
www.paul-beau.com
contact@paul-beau.com
Fière d'une existence déjà plus que centenaire, la maison Paul Beau étend ses coteaux sur le domaine de la Grande Champagne, produisant un excellent cognac. La production familiale offre de beaux arômes de fruits, d'épices et de senteurs chaudes relevées par des notes plus fortes qui confèrent une belle tenue à ce cognac. La maison produit également un pineau qui se dégustera agréablement, aux beaux jours, pendant l'apéritif !

MARCHÉ

Place de l'Église
✆ 05 45 83 40 41
Le marché de plein vent se tient le mardi, vendredi et dimanche de 7h30 à 13h. On trouve des fruits, des légumes et de la volaille. Un marchand d'huîtres d'avril à octobre et un boucher sont présents le mercredi et le samedi de 7h30 à 13h.

AUBETERRE-SUR-DRONNE ★★

Aubeterre, un des Plus Beaux Villages de France – le seul de Charente – également labellisé « Petites Cités de Caractère® », est une pierre précieuse ciselée de facettes mystérieuses. Serti sur un éperon rocheux de craie blanche « alba terra », ce bourg du sud de la Charente qui domine la Dronne, une rivière calme, s'organise dans un réseau étonnant de rues où se perchent des maisons aux balcons de bois. Dans ses entrailles, les disciples de Saint-Maur, les moines bénédictins, ont creusé au XIIe siècle l'église souterraine Saint-Jean d'Aubeterre, un des joyaux du département.

© IRÈNE ALASTRUEY – AUTHOR'S IMAGE

L'église monolithe Saint-Jean, Aubeterre-sur-Dronne.

■ SUD CHARENTE TOURISME
8, place du Champ-de-Foire
✆ 05 45 98 57 18
www.sudcharentetourisme.fr
L'office de tourisme d'Aubeterre est à la fois une antenne d'accueil et le siège de Sud-Charente Tourisme. Il est ouvert toute l'année et prend le relais des antennes du Sud-Charente fermées en basse saison. Concrètement, les lignes téléphoniques de ces antennes sont redirigées vers Aubeterre et tous les offices de tourisme partagent la même adresse e-mail.

A voir – A faire

■ ÉGLISE MONOLITHE SAINT-JEAN ★★★
Rue Saint-Jean
✆ 05 45 98 65 06
www.aubeterresurdronne.com
Un monument époustouflant. L'église souterraine d'Aubeterre, aux dimensions vertigineuses (27 m de longueur, 16 m de largeur et près de 20 m de hauteur) est la plus vaste d'Europe. Elle a été creusée d'un seul bloc de l'intérieur même du rocher. Il est certain que les disciples de Saint-Maur (bénédictins) qui l'ont creusée vers le XIIe siècle, ont en réalité profité de grottes ou d'excavations beaucoup plus anciennes, utilisées puis agrandies par les premiers chrétiens pour y pratiquer en sécurité leur culte. La pièce maîtresse de cet espace est bien le reliquaire lui aussi

monolithe, c'est-à-dire réalisé par évidement du calcaire. Au centre de la nef, une piscine baptismale, taillée dans le rocher comporte en son fond une croix grecque. Cette cuve baptismale fut probablement creusée entre le IVe et le IXe siècle, c'est-à-dire bien avant que l'église elle-même soit terminée. Tout le sol de la nef n'était qu'une succession de sarcophages dont les plus proches de la piscine baptismale sont encore visibles. La nef de Saint-Jean servit en effet longtemps et à plusieurs reprises de cimetière jusqu'en 1865.

BALADE DANS LE VILLAGE

« Alba Terra » se découvre au gré des flâneries... Ici, la végétation méditerranéenne, là les balcons en bois et les jardins en terrasse ravissent le visiteur. Par les ruelles pentues on accède à de petites places, qui révèlent des fontaines. On s'y perd volontiers, baigné par une luminosité toute particulière. L'ensemble est surveillé par le château (privé) qui a conservé cette austère allure médiévale que lui confèrent mâchicoulis et hauts murs percés de minuscules ouvertures. Classé parmi les « Plus Beaux Villages de France », Aubeterre est une étape indispensable entre Charente et Périgord.

Balade dans le village.

Se restaurer

LA TAVERNE – MAISON PIERRE VERY

2, rue Barbichon
✆ 05 45 98 15 53
http://la-taverne-aubeterre.fr
Pierre Very a habité cette maison en contrebas de l'église monolithe où il a écrit les disparus de Saint-Agil et Goupil Main Rouge. Christine Cazenave et Hélène Leroy ont eu la bonne idée d'investir cette maison pour y installer au premier niveau un restaurant-snack (avec une formule très plaisante tout dans l'assiette) et, à l'étage, un petit musée consacré à l'auteur. Vous y verrez notamment des photographies de Pierre Very avec de nombreuses personnalités, des acteurs comme Jean Gabin.

HOSTELLERIE DU PÉRIGORD

Route de Ribérac
Quartier Plaisance
✆ 05 45 98 50 46
www.hostellerie-perigord.com
Hpmorel@aol.com

VISITE

Ce restaurant gastronomique vous étonnera par la qualité de sa cuisine et de ses produits. Fabrice Morel, le chef, sert un succulent médaillon de filet de bœuf, wellington de poitrine de veau au foie gras, carottes fanes glacées et flan de potimarron parfumé à la vanille, sauce Périgourdine ou une combinaison de foie gras mi-cuit et poêlé en terrine, craquant de pain d'épices aux fruits confits et ses lichettes de magret séchées... Un vrai régal ! Au dessert le soufflé chaud aux fruits de la passion, macaron farci à la ganache d'orange n'est pas mal du tout. Onze chambres confortables vous permettent de concocter un très agréable séjour. Chambres auxquelles il faut ajouter depuis 2011 tout un complexe pour votre bien-être : sauna, hammam, salle de gym et également soins pédicures, manucures et modelages ! Mmmmmm. Détendez-vous...

Emplettes

MARCHÉ HEBDOMADAIRE

Place Ludovic-Trarieux
www.aubeterresurdronne.com
mairie.aubeterre-sur-dronne@wanadoo.fr

Les producteurs de pays ne manquent pas de se rendre à ce marché, sous l'ombre des arbres centenaires de la place Travieux. Appréciée des touristes anglais, la ville d'Aubeterre a su conserver son patrimoine et son charme d'antan. Vous trouverez tous les produits régionaux, de la fraîcheur à mettre dans votre panier et sur votre table ! Profitez des beaux jours pour prendre l'apéritif sur la place, très agréable au printemps et en été.

Aubeterre-sur-Dronne.

BAIGNES-SAINTE-RADEGONDE

Seul vestige du château ayant autrefois appartenu à la famille des Sainte-Maure, la tour Montauzier arbore mâchicoulis, fenêtres à meneaux et meurtrières fort utiles alors. Non loin, la Font de Madame est une fontaine en forme de coquille Saint-Jacques censée guérir les maladies des yeux et où Louis XIII se serait arrêté. A côté de la tour Montauzier, la commune bénéficie de la présence d'un monument original et insolite : le manoir orientalisant de l'abbé Jean-Hippolyte Michon, historien, auteur de la Statistique monumentale de la Charente (1944) et inventeur de la graphologie.

BARBEZIEUX-SAINT-HILAIRE ★

C'est une vibration particulière de l'air et de la lumière qui baigne d'une douceur et d'une clarté singulières les pays du sud Charente, à l'image de Barbezieux. Une luminosité océane imprègne en effet les paysages aux contours un peu flous, et les villages offrent la pierre tendre de leurs façades aux rayons bienfaisants. Les campagnes, à peine relevées de quelques lignes de crêtes, se fondent en tonalités moelleuses. Des vallées riantes se lovent au pied des collines blanches. Des trous d'eau ponctuent les bois clairsemés et des étangs trouent les étendues de landes, propices au maintien d'une faune et d'une flore préservées. Entre l'Angoumois, la région du cognac, l'Aquitaine et le Périgord, le sud Charente prend la meilleure part du soleil.

A voir - A faire

■ **CHÂTEAU DE BARBEZIEUX**
✆ 05 45 78 89 09
www.cdc4b.com
accueil@cdc4b.com
Situé sur la colline, dominant la ville depuis le Moyen Age, le château de l'ancienne Berbezil a connu des combats épiques entre seigneurs d'Aquitaine et comtes d'Angoulême, entre rois capétiens et Plantagenêts. Il a également accueilli des personnages prestigieux : la belle Aliénor d'Aquitaine, le Prince Noir, Richelieu ou encore Louvois... Mais le château fut démantelé en grande partie par la municipalité locale en 1845. Les remparts, qui faisaient de Barbezieux une ville fortifiée comparable à Carcassonne furent en grande partie détruits, comme les restes de l'église Saint-Ymas et la porte Chavaroche. Il ne reste aujourd'hui qu'une porte, transformée en habitation, les fenêtres à meneaux du XVe, les mâchicoulis, une tour du XIIe et un reste du mur d'enceinte... Les 4/5e de l'ensemble originel ont disparu. En 2015, des travaux de réhabilitation ont transformé le château qui abrite désormais un nouveau théâtre. Une saison culturelle pluridisciplinaire (théâtre, danse, humour, musique...) y est proposée, ponctuée de temps d'échange avec les artistes. En dehors des visites guidées, vous pourrez découvrir l'histoire du château en réalité virtuelle en téléchargeant l'application «Château de Barbezieux» sur votre téléphone mobile. Pour une immersion complète, demandez les lunettes de réalité virtuelle (en prêt) à l'accueil du château ou à l'office de tourisme de Barbezieux.À voir absolument.

Se restaurer

LA VIEILLE AUBERGE

5, boulevard Gambetta
✆ 05 45 78 02 61
la-vieille-auberge0107@orange.fr

Le restaurant vous propose des spécialités locales à base de pineau des Charentes et de cèpes.

Les gibelottes de lapin aux cèpes ? C'est vraiment LA spécialité de la maison, des champignons ramassés par les propriétaires et mis en bocaux pour servir toute l'année à la cuisine du restaurant. La cuisine est traditionnelle avec des produits frais. Les frites ? Ici on ne connaît pas, ce sont des pommes de terre sautées maison ! L'accueil est chaleureux et nous vous invitons à venir déguster les crépinettes de volaille aux cèpes par exemple. L'établissement possède aussi 6 chambres de 35 € à 50 € avec télévision et wifi. Notons que le parking est facile d'accès.

Emplettes

LE CELLIER DES PRINCES

Route de la Cigogne – Zone Triquedondaine
✆ 05 45 78 15 19
lecellierdesprinces@wanadoo.fr

Si Barbezieux présente peu de caves, le Cellier des Princes en vaut bien deux ou trois. Située à mi-chemin entre le Bordelais et le Cognaçais, la ville de Barbezieux est certes plus proche de ses racines charentaises mais n'en oublie pas moins de rendre hommage à la région voisine. Une belle sélection de cognac évidemment mais également de vins et de pineaux. L'accueil est sympathique et le conseil avisé.

MARCHÉ HEBDOMADAIRE

Barbezieux n'est peut-être pas la ville la plus fréquentée de la Charente, mais cela n'enlève rien à son charme. Son château, son église, ses ruelles sont une invitation à la promenade. Avant ou après vous être rendu au marché de producteurs locaux, vous aurez tout le loisir de découvrir la ville. Quant au marché qui se tient le mardi matin, vous y trouverez de nombreux producteurs et le premier mardi matin du mois, le marché est couplé à une foire.

Sports / loisirs / activités

VOIE VERTE « LA GALOPE CHOPINE »

Le Château
Place Verdun
Office de tourisme de Barbezieux
✆ 05 45 78 91 04

De Barbezieux à Chantillac, sur 20 km une voie de circulation interdite aux voitures appelée Galope Chopine a été aménagée sur une ancienne voie ferrée. Notez, c'est important qu'il n'y a pas de côtes sur ce trajet, hé, hé, ce sont de belles perspectives de balades en famille qui s'offrent alors à vous, en vélo, à pied, roller ou cheval…

BARDENAC

Ce village est situé sur la route de Chalais à Barbezieux. Pays de coteaux, la terre de Bardenac a vu fleurir de nombreux ouvrages fortifiés au fil des siècles (dont La Motte, à Coiron).

CHALAIS

Cette ancienne seigneurie médiévale est aujourd'hui réputée pour ses foires et son marché aux bestiaux (en particulier les veaux), mais a également conservé du Moyen Âge un important patrimoine architectural, dont son château et une église romane arborant toujours sa façade du XIIe siècle.

A voir - A faire

■ ÉGLISE SAINT-MARTIAL

Rue du Château
www.chalais.net/stmartial.htm
net.chalais@orange.fr
L'église Saint-Martial de Chalais construite au XIIe siècle a conservé de cette époque sa façade classée Monument historique, une façade caractéristique de l'art roman très présent en Charente avec ses nombreuses archivoltes.
En 1569 l'église est pillée et brûlée, et sera reconstruite au XVIe siècle. A l'actuel emplacement de l'orgue se tenait la chapelle des Talleyrand-Périgord, princes de Chalais. On note le plafond en bois peint et en trompe-l'œil qui mérite à lui seul le détour.

CHÂTEAU DES TALLEYRAND-PÉRIGORD

15, rue du Château
✆ 06 12 33 32 76
www.chateaudechalais.fr
info@lacharente.com
Seigneurie depuis le XIe siècle, le site devient un château au XVIe siècle. Cette demeure, qui fut la propriété des Talleyrand, dont il a pris le nom, est acquise en 2011 par l'humoriste et ex-antiquaire Yves Lecoq, qui devient propriétaire de ce qui est alors un hospice en piètre état. Après avoir réalisé une restauration de grande qualité, ce bâtiment austère retrouve une splendeur. Son histoire enchante le visiteur, notamment grâce au mobilier exclusivement XVIIe chiné par le propriétaire. Les visites guidées menées par une association de passionnés vous feront partager de nombreuses anecdotes. A noter que l'entrée se fait par le pont-levis toujours en fonctionnement. Le prix du billet d'entrée est intégralement dédié à la restauration du château, une raison supplémentaire pour venir le visiter et même y revenir pour suivre l'évolution des aménagements.

Se restaurer

■ RELAIS DU CHÂTEAU

15, rue du Château
✆ 05 45 98 12 08
www.lerelaisduchateauchalais.com
contact@lerelaisduchateauchalais.com
Ce restaurant gastronomique est facile à trouver, il est à l'intérieur du château des Talleyrand-Périgord. Les repas sont servis dans les anciennes cuisines du château ou en terrasse avec vue. Cela laisse le loisir aux gens du peuple de profiter du paysage, des belles proportions de la bâtisse et de la vue sur la plaine vallonnée.
La cuisine proposée est élaborée à base de produits locaux et de saisons, accompagnée d'une carte des vins accessible à tous.

CHAMPAGNE-VIGNY

Commune rurale de Charente, proche d'Angoûleme, elle a accueilli le poète et dramaturge Alfred de Vigny. Il y aurait composé entre autres *La mort du loup* et *La Bouteille à la mer*.

LE MAINE GIRAUD – MUSÉE ALFRED DE VIGNY

Le Maine Giraud ✆ 05 45 64 04 49
www.mainegiraud.com

Ancien logis d'Alfred de Vigny, écrivain, dramaturge, poète et traducteur de Shakespeare, membre de l'Académie Française.
Labellisé Maisons des illustres, on y découvre aujourd'hui les lieux pour son musée consacré à l'auteur et pour son domaine viticole où sont élaborés cognacs et pineaux.

CRESSAC-SAINT-GENIS

Cette petite commune située dans les coteaux calcaires du Bassin aquitain est connue pour abriter l'ancienne chapelle des Templiers.

LA CHAPELLE DES TEMPLIERS ★

11, route du Temple
La chapelle des Templiers, établie sur un promontoire dominant la vallée du Né, peut paraître bien modeste au premier abord. Elle a l'austérité des constructions de l'ordre du Temple, caractérisées par la simplicité du plan et l'absence de décor sculpté, à l'exception d'une moulure ornée de feuillages qui règne au-dessus des trois fenêtres du chevet.
La chapelle possédait un ensemble de fresques dont une partie, préservée, est d'un intérêt majeur, car elle décrit un épisode des croisades.

GUIZENGEARD

Guizengeard est un petit bourg situé au sud du département, limitrophe de la Charente-Maritime voisine. Il est composé de différents petits hameaux, bordés par la forêt.

SAFARI PARC DE HAUTE SAINTONGE

Relais de Buissonnet
✆ 05 45 98 99 31
www.safari-parc.fr
contact@safari-parc.fr
Dans ce parc de 650 ha, venez découvrir à bord d'un 4x4 la faune sauvage dans son intimité, à une heure inhabituelle pour une visite originale. Vibrez avec les cerfs, les daims, les chevreuils, et frissonnez au passage des sangliers. Vous pourrez agréablement prolonger la visite par un repas au Relais de Buissonnet, une ancienne ferme nouvellement restaurée, qui vous accueille dans une ambiance de chasse pour un repas gibier sur réservation. Le site propose aussi des chambres d'hôtes et un service de location de salles pour réunions ou séminaires.

VERSION NUMÉRIQUE
OFFERTE
Obtenez votre guide numérique en scannant le QR code
ou rendez-vous sur le site
www.ebookfute.com
avec le code avantage
5U11HH
petit futé
CHARENTE
WWW.PETITFUTE.COM
OFFRE VALABLE JUSQU'À L'ARRÊT DE COMMERCIALISATION DU TITRE EN FRANCE MÉTROPOLITAINE ET DANS LE MONDE ET SOUS RÉSERVE QUE LE NOMBRE DE TÉLÉCHARGEMENTS SOIT INFÉRIEUR OU ÉGAL AU NOMBRE D'EXEMPLAIRES DE GUIDES PAPIER IMPRIMÉS. FORMATS DISPONIBLES POUR SMARTPHONES, TABLETTES, LISEUSES ET ORDINATEURS PC OU MAC.
© PERFECTLAB - SHUTTERSTOCK.COM

MAGNAC-LAVALETTE-VILLARS

Le village de Magnac-Lavalette-Vilars abrite un trésor architectural : le château de la Mercerie, un petit « Versailles charentais ». Rien d'ancien derrière cette façade de 200 m de long, puisque l'ensemble date du XXe siècle et est le fruit d'une folie de deux frères, qui voulaient s'offrir une réplique des palais de Louis XIV.

Leur ruine a entraîné la clôture du projet avant son achèvement, mais la visite vaut tout de même le détour, tant pour l'architecture de l'ensemble que pour la galerie en acajou ou les décors en azulejos.

CHÂTEAU DE LA MERCERIE ★

Départementale 81
✆ 07 89 63 03 57
www.chateaudelamercerie.fr
chateaudelamercerie16@gmail.com

Non loin de Villebois-Lavalette, le château de la Mercerie est considéré comme le « Petit Versailles charentais », tant sa beauté est sans égale. A l'origine c'était un manoir néogothique datant du XIXe siècle. En 1924, les frères Alphonse et Raymond Réthoré acquièrent le château et décident de l'agrandir.

Entre 1939 et 1975, les deux frères rassemblent une collection d'œuvres d'art qui prend part à la féerie du lieu. A leur mort, l'édifice est laissé à l'abandon et sombre dans l'oubli, ses collections dispersées. Le château se visite désormais, uniquement sur rendez-vous. Vous pouvez observer son architecture singulière du site, ses façades en pierres blanches. Tout autour du château, le parc de 400 ha dont un arboretum de 40 ha d'espèces rares a également été restauré.

MONTMOREAU ★

Vers 727, Abd-ar-Rhaman, émir arabe en campagne, se serait arrêté sur ce promontoire dominant la vallée de la Tude. De son séjour, la cité aurait gardé le nom de « Mont des Maures ». Un château du XVe siècle, au pied duquel s'enroule le « quartier haut », couronne le site.

Ce château appartint au marquis de Rochechouart et seule sa remarquable chapelle du XIe siècle est ouverte aux visites.

L'église Saint-Denys, sur la route de Saint-Jacques-de-Compostelle, possède une belle façade ornée d'un portail roman polylobé.

ABBAYE DE PUYPEROUX

✆ 05 45 98 57 18

Limitée par l'Arce et par la Tude, la commune abrite un précieux édifice religieux. L'abbaye Saint-Gilles. La légende veut que saint Gilles l'ait fondée au VIe siècle en lançant son marteau : « Là où il tombera, je bâtirai une abbaye. » Au XIIe siècle, les moines quittèrent le site qui, devenu simple prieuré, déclina. Il fut redécouvert au XIXe siècle par l'abbé Michon qui, séduit par la beauté de ses ruines, y installa une congrégation de religieuses. L'abbaye fut restaurée, agrandie et redevint un lieu de pèlerinage à saint

© IAKOV FILIMONOV – SHUTTERSTOCK.COM

Vue sur le château de Villebois-Lavalette.

Gilles. On accède à l'église par un immense parvis et un escalier monumental. Dans la nef, le tombeau de saint Gilles, gardé par des lions tutélaires, prend place dans un enfeu. Dans le transept, deux passages contournant les piliers de la croisée supportent une coupole octogonale sur trompes. C'est là que se concentre le décor sculpté de l'église. L'abside est l'élément le plus ancien de Puypéroux et peut-être de la Charente. A l'extérieur, la sobriété est extrême. La façade, fortement restaurée au XIXe siècle, ne montre plus que quelques chapiteaux médiévaux sous les arcs du portail. Les bâtiments conventuels et le cimetière des sœurs encadrent l'église.

VILLEBOIS-LAVALETTE ★

Villebois-Lavalette se situe à 25 km au sud d'Angoulême, à la limite de la Charente et du Périgord. Le site doit son nom soit à la voie romaine qui relie Périgueux à Saintes et qui définit le lieu « ville située dans les bois près de la rivière du Né », soit à Villa Bovis (domaine aux bœufs). 950 habitants, 720 ha, chef-lieu de canton du département de la Charente dans l'arrondissement d'Angoulême, les historiens n'ont rien établi « consensuellement ». C'est un village de charme haut perché, labellisé « Petites Cités de Caractère », qui occupe le site d'un ancien oppidum, auquel ont succédé un castrum gallo-romain, puis une citadelle médiévale. Il fut un duché-pairie, et reste le chef-lieu du Pays d'Horte. Le château a gardé des murs et tours du XIIe, mais a été refait et complété dans les années 1660, de sa terrasse, la vue est très étendue. L'enceinte du village subsiste en partie, ainsi que ses belles halles du XVIIe.

Les fortifications du château de Villebois-Lavalette.

Le nom de la commune fut Lavalette jusqu'en 1861. Le village est le siège de la communauté de communes d'Horte et Lavalette (14 communes, 4 500 habitants). Les habitants de Villebois-Lavalette sont des Villeboisiens, Villeboisiennes.

A voir – A faire

■ CHÂTEAU ★

1, place
du Champ-de-Foire
✆ 05 45 62 28 44
Situé à une vingtaine de kilomètres au sud d'Angoulême aux confins de la Charente et du Périgord, le château de Villebois Lavalette, ancienne forteresse médiévale, s'impose dans le paysage avec ses splendides murailles de pierres blondes, dressées sur un piton rocheux. Les fortifications du Xe siècle ont succédé à celles érigées par les Gaulois, puis par les Romains. Le château, bâti près de l'ancienne voie romaine de Saintes à Périgueux sur une colline de 102 m, domine une vaste plaine ondulée. L'ensemble des remparts date de 1180 avec les tours de flanquement rajoutées 20 ans plus tard ainsi qu'un immense donjon aulique de 35 mètres de long, un des plus longs connus dans l'Occident. Le site appartient jusqu'à la fin du XIIe siècle à la famille de Villebois. En 1615, le château recevra la visite du jeune roi Louis XIII, de sa jeune épouse Anne d'Autriche et de la régente Marie de Médicis. Visite en français et en anglais du château et du village toute l'année. Renseignements auprès de l'office de tourisme. A noter, depuis 2018, la possibilité de découvrir le château de façon originale, par un escape game « La magie du Puy Sanseau » ou une enquête énigmatique « Le mystère de la Cornuelle ».

■ HALLES

On se sent tout petit lorsque l'on se trouve sous les grandes halles de Villebois-Lavalette. L'impressionnante charpente donne l'air d'être aussi majestueuse que ses colonnes qui la soutiennent. Les halles sont enclavées entre les rues et venelles, et leur superficie est telle que la rue qui les entoure ne laisse que très peu de place pour la circulation. Aussi hautes que les bâtiments qui les entourent, les halles semblent un véritable édifice au cœur de la ville. Autrefois l'emplacement d'une importante foire aux bestiaux de la région, elles accueillent aujourd'hui encore le marché le samedi matin et d'autres manifestations culturelles.

Se restaurer

■ LE LAVALETTE

7-9, place des Halles
✆ 05 45 61 71 37
www.le-lavalette.fr
C'est l'ancien patron Adams Barry qui a fait la réputation du Lavalette. Ce Britannique gastronome a passé le relais à un jeune couple, Arnaud Douteau et Marie-Cécile Granet, en mai 2011. L'établissement bénéficie toujours de son emplacement au bord des impressionnantes halles médiévales de Villebois qui abritent de nombreuses tables du restaurant, la façade est toujours aussi coquette et la décoration intérieure a peu changé. Côté cuisine et service, les jeunes n'ont pas à rougir. La cuisine traditionnelle est bien réalisée, à des prix doux.

CHARENTE LIMOUSINE

ABZAC

La massive église gothique d'Abzac abrite toujours deux reliques qui font l'objet d'une certaine ferveur religieuse. Autour, on pourra voir de nombreux châteaux, dont certains sont inscrits sur la liste des Monuments historiques.

ALLOUE

Cette commune rurale héberge dans le manoir de la vergne la Maison Maria Casarès qui propose une jolie programmation culturelle au fil des saisons.

■ MAISON MARIA CASARÈS

Domaine de la Vergne ✆ 05 45 31 81 22
www.mmcasares.fr

Labellisée Maisons des illustres, l'ancienne demeure de Maria Casarès, comédienne de cinéma et de théâtre, est aujourd'hui un centre culturel de rencontres.

CHABANAIS

De part et d'autre de la Vienne, que l'on enjambe sur un pont d'après-guerre, Chabanais est localement connu pour sa foire aux vaches limousines. Chaque rive est dominée par le clocher de son église.

■ BALADE EN VILLE

Au gré de vos errances dans Chabanais, essayez de repérer la maison à colombages (rue Palant-Lamirande), le vieil escalier de feu l'église Saint-Sébastien, ou encore le hameau de la Quintinie, du nom de Jean de La Quintinie, né à Chabanais et créateur du potager de Versailles, nommé Directeur des jardins par Louis XIV. Vous découvrirez aussi le monument commémoratif des combats de 1944. En effet, le 1er août 44, durant la bataille de Chabanais, les maquisards du colonel Bernard et une division allemande se livrèrent un rude affrontement. Le pont fut d'ailleurs détruit par les Résistants. Les maquisards parvinrent finalement à repousser les Allemands et éviter un nouveau Oradour-sur-Glane, village tristement connu et situé à une trentaine de kilomètres.

■ ARBORETUM DU CHÊNE VERT

✆ 05 45 89 20 46
arboretum.lechenevert.net
arboretum@lechenevert.net

Trois hectares de sous-bois très touffus et de prairie où la nature exprime sa folie créatrice exotique ou indigène. Veillez à ne pas manquer l'entrée du site, marquée par deux panneaux verts à votre droite, sur la nationale juste avant le centre commercial et le rond-point à la sortie de la petite ville en direction de Limoges.

■ ÉGLISE SAINT-PIERRE

Elle n'est pas très ancienne, comparativement aux nombreuses églises romanes de la région. Cette jeunette est née en 1481. Elle a subi une rénovation en 1629. Cet ancien prieuré-cure dépendait de l'abbaye de Lesterp. Si l'édifice ne présente pas d'intérêt particulier, signalons cependant que son retable (ou plutôt tabernacle en bois doré) daté du XVIIIe siècle est classé par les Monuments historiques.

CHAMPAGNE-MOUTON ★

Quelques lavoirs et un château font l'intérêt d'une étape dans ce petit bourg en bordure de plusieurs ruisseaux qui font tout son charme. De nombreux sentiers de randonnées permettent de profiter de l'atmosphère bucolique des environs.

■ LE CHÂTEAU

Vous ne pouvez pas le manquer, une des tours empiète sur la route traversant le bourg. Une grande partie de l'édifice fut détruit pendant la guerre de Cent Ans. Il reste, aujourd'hui deux grands corps de logis et une grande bâtisse qui ont perdu de leur superbe.

CHASSENEUIL-SUR-BONNIEURE

Le village a connu récemment son heure de gloire, lorsqu'il abritait, durant la Seconde Guerre mondiale, le réseau de Résistance Bir Hakeim. Plus de 2 200 soldats et maquisards, dont la plupart des chefs de maquis régionaux, reposent auprès du mémorial et sa croix de Lorraine, haute de 21 m.

■ MAISON DE LA RÉSISTANCE RENÉ MICHAUD

Rue Bir'Hakeim © 05 45 39 60 71
www.chasseneuil-sur-bonnieure.fr
Pour se souvenir du maquis de Bir-Hakeim : affiches de propagande, tenues vestimentaires... Cette maison aide à connaître l'Histoire de la Résistance.

■ NÉCROPOLE NATIONALE ET MÉMORIAL DE LA RÉSISTANCE ★

L'édifice est impressionnant tant par sa grandeur que par son architecture : le V de la victoire imbriqué dans une immense croix de Lorraine, mesurant 21 mètres de haut. Le mémorial, construit sur une colline, surplombe le cimetière en contrebas qui regroupe plus de 2 000 tombes de résistants et militaires de la Deuxième Guerre mondiale, quelle qu'ait été leur religion. Il renferme également trois combattants de la Première Guerre. Les bas reliefs du mémorial sont de vrais livres de pierre, qui racontent l'histoire de la résistance civile et militaire.

CHASSENON

Les thermes et le parc archéologique valent largement un arrêt prolongé dans ce petit village paisible, massé autour de son église Saint-Jean-Baptiste, qui justifie elle aussi une petite visite.

■ ÉGLISE SAINT-JEAN-BAPTISTE

www.eglisestjeanbaptiste.com
info@eglisestjeanbaptiste.com

On dit que cette église est en pierre de lune, c'est plus joli qu'une église en brèche météoritique. Pourtant, l'église de Chassenon est le plus ancien édifice chrétien bâti avec des roches transformées par l'impact d'une météorite tombée voici 214 millions d'années sur la Charente Limousine. Ces roches sont appelées des brèches. En tombant au lieu-dit de la Judie, sur la commune de Pressignac, la météorite a fait un cratère, qu'on appelle astroblème, d'au moins 21 km de diamètre.

■ PARC ARCHÉOLOGIQUE CASSINOMAGUS ★★

Longeas
✆ 05 45 89 32 21
www.cassinomagus.fr
contact@cassinomagus.fr

Ce n'est qu'en 1958 que débutent les fouilles sur le site archéologique de Chassenon ; l'importance est telle que le Conseil Général de la Charente décide alors d'en faire un haut lieu du tourisme dans le département. Les thermes de Chassenon ont bénéficié d'un très important effort financier pour que soit mis en valeur le patrimoine unique qui a été révélé depuis un peu plus de soixante ans par des passionnés. Ce site archéologique, considéré comme l'un des plus beaux d'Europe, fondé au Ier siècle apr. J.-C., fut érigé à l'endroit précis où, il y a 200 millions d'années, un fragment de météorite frappa la terre. Construit sur la célèbre voie Agrippa, reliant Saintes à Lyon, par Limoges, le sanctuaire rural de Chassenon a été habité pendant près de cinq siècles, puis progressivement laissé à l'abandon. Le site a été largement réhabilité et livre aujourd'hui tous ses secrets : restes de temples, d'un théâtre et un forum et les magnifiques piscines des thermes.

Tout au long de l'année, le site organise des évènements pour faire revivre les vieilles pierres. Il peut s'agir d'évènements dédiés aux enfants (Halloween, escape games…) ou de conférences réservées à un public d'archéologues, historiens ou passionnés plus avertis. Pour le grand public, concerts, spectacles ou fresques historiques sont également programmés régulièrement : consultez le site Internet pour voir l'ensemble des animations prévues.

CONFOLENS ★

A la rencontre de l'Angoumois, du Poitou et du Limousin, la pointe nord-est de la Charente fait partie de ces terres d'échanges et de brassages, à la fois paisibles et contrastées, silencieuses et chantantes. Venant du Nord, on se sent arriver dans le grand Sud ; venant du Sud, on subodore les pays du Nord… Zone de rencontre entre langue d'oc et langue d'oïl, la Charente Limousine se distingue du reste du département : le froid granit y épouse la chaude tuile argileuse, les vallées s'encaissent davantage, le châtaignier agite ses branches près des futaies de chênes. Le célèbre Festival des musiques du monde à Confolens est là pour confirmer cette identité locale forgée sur la confluence et la rencontre des hommes et des coutumes. Elle est labellisée «Petites Cités de Caractère».

© PAULINE TURMEL

Grandes piscines chaudes, parc archéologique Cassinomagus.

© ALFRAN

Journée des thermes en juillet, combat de gladiateurs.

OFFICE DE TOURISME DE CHARENTE LIMOUSINE
8, rue Fontaine des Jardins
✆ 05 45 65 26 69
www.tourisme-charentelimousine.fr
L'équipe de l'office de tourisme pourra vous aider à peaufiner votre séjour, effectuer des réservations, sélectionner des hébergements et vous fournir toute la documentation nécessaire au bon déroulement de votre séjour ou circuit.

A voir – A faire

CHÂTEAU DE SAINT-GERMAIN-DE-CONFOLENS
Rue du Vieux Château
Saint-Germain-de-Confolens
Au confluent de la Vienne et de l'Issoire, l'actuel château de Saint-Germain-de-Confolens est le résultat d'une succession d'aménagements architecturaux au fil des siècles : vestiges d'un donjon du XIIe, tours des XIIIe et XVe, corps de logis du XVe. D'où ce mélange d'agrément et d'aspect martial. La tour la plus impressionnante est celle qui domine l'Issoire.

© DOUGLAS - STOCK.ADOBE.COM

La cité médiévale de Confolens.

Elle abritait autrefois les cuisines, quoique le four n'ait pas encore été découvert, mais il subsiste une vaste cheminée exceptionnelle. A sa base, vous pouvez voir des canonnières du XVe, destinées aux arquebuses. Un des must de la visite : les caves du XVe, qui étaient réservées à la défense, mais servaient également à entreposer les fruits de la levée de l'impôt. Celles-ci se répartissent en cinq salles à l'intérieur desquelles on peut apercevoir les bases de la motte originelle, les fondations de l'ancien donjon ou encore de remarquables voûtes en plein cintre. Voilà un château envoûtant qui n'a pas livré tous ses secrets...

CHAPELLE DE LA COMMANDERIE
Rue de la Commanderie, Confolens
Sur les hauteurs de Confolens, près de la place du champ de foire, s'élève un des derniers vestiges en France issu de l'ordre des hospitaliers du Saint-Esprit, la chapelle de la commanderie. Etabli au XIIIe siècle, l'hôpital de Confolens fut vendu comme bien public au XVIIIe siècle. Ensuite, l'ancienne chapelle servit à tout (grange, garage, etc.) sauf au culte. Aujourd'hui propriété de la commune, elle est inscrite à l'inventaire des Monuments historiques.

PONT VIEUX ★
Liaison emblématique des deux rives de Confolens, le Pont Vieux ne fait pas son âge. Né au XIIe siècle, il fut longtemps un pont à péage. Et s'il n'a pas pris une ride, il a tout de même perdu ses trois tours défensives d'origine. Lorsque l'on passe d'une rive à l'autre, on peut apercevoir les terrasses des maisons qui bordent la Vienne, les jardins sur plusieurs niveaux, la ville et la nature qui se partagent le paysage aux confins de la Charente et du Limousin.

VÉLORAIL DU CHEMIN DE FER CHARENTE-LIMOUSINE

Gare de Confolens ✆ 05 45 71 16 64
www.cf-charentelimousine.fr
Ancienne gare SNCF de Confolens.
Comment se faire les mollets, découvrir de superbes paysages en profitant d'un point de vue unique tout en passant un moment en famille ou entre amis ? En faisant du vélorail pardi ! Dans le nord du département, trois parcours sont proposés sur des lignes de chemin de fer remises en état par une association de passionnés. Vous avez le choix entre le parcours de Confolens à Manot soit 18 km aller-retour pour environ 2h15 de balade ou de Roumazières-Loubert à Manot pour un parcours de 15 km en 2h environ. Il y a aussi la promenade longue, de Roumazières à Confolens : 34 km aller-retour. Trois départs sont programmés par jour à 10h, 13h et 16h. La première option est un voyage Confolens-Manot sur un peu moins de 20 km aller-retour pour passer sur le vertigineux viaduc de Pontarand de cent mètres de long au-dessus de la rivière de La Faye avant une montée à pente à 12 % qui sera une belle descente… au retour. Le spectacle offert est magnifique. La seconde option, un peu plus courte mais tout aussi dépaysante, vous fera sinuer de Roumazières-Loubert, la capitale de la tuile à Manot. Vous traverserez notamment la Charente du haut du viaduc de Laplaud, ses six arches et cent soixante mètres de long. Là encore, vous en prendrez plein les mirettes. Vous pouvez aussi décider de vous offrir le parcours complet, mais là un petit conseil, soyez sûr de votre forme et de vos mollets.

VILLE MÉDIÉVALE

Coincé entre Vienne et Goire, le centre-ville de Confolens dégage une incontestable atmosphère moyenâgeuse. Dans ce dédale de ruelles parfois pavées, souvent pentues, les curiosités architecturales ne manquent pas, des maisons à colombages aux tours-escaliers en passant par la commanderie des hospitaliers. Certaines rues ont des noms évocateurs : attention à ne pas vous casser la figure dans la raide rue Casse-Cou ! Mieux vaut s'armer de solides chaussures pour arpenter les rues de la ville.
Au détour de certaines rues, on découvre de charmantes maisons nichées sous un pont, aux solides portes qui rappellent les temps de jadis. Les flâneurs découvriront aussi « la Salle », ancienne salle de justice du XIIIe siècle dont la façade est tournée vers l'église Saint-Maxime, ainsi que les restes du donjon (XIe siècle).

ESSE

Ce petit village est un modèle en matière d'embellissement des bourgs en milieu rural tant les efforts réalisés sur le choix des matériaux ou pour enterrer les réseaux prouvent combien il est simple, avec un peu de volonté, de faire du beau. Ne restez pas dans les rues pour autant et arrêtez-vous à l'église du XIIe siècle et surtout au tilleul dit « de Sully », puisque sa plantation est attribuée à ce grand ministre. Outre le bel arbre, la commune doit aussi une part de sa notoriété au fait qu'elle accueille tous les sept ans les ostensions : une tradition religieuse du Limousin (même si l'on est en Charente), vieille de plus de dix siècles, qui veut que l'on promène les reliques de saint Joachim et sainte Sévère tout autour du village.

■ LE VILLAGE GAULOIS DE CORIOBONA

Pont Binot ✆ 05 17 23 15 71
www.coriobona-village-gaulois.fr
Dominant la vallée de l'Issoire, sur une colline ombragée, se dresse Coriobona, reconstitution grandeur nature d'un oppidum gaulois. Derrière l'enceinte, vous découvrirez différents types de constructions du Ier siècle avant J.-C. Parcourez les chemins du village pour y découvrir l'hémicycle, les différents bâtiments, de la maison aristocratique aux ateliers d'artisans. Des visites sont proposées pour une redécouverte de la civilisation gauloise.

ÉTAGNAC

La commune d'Étagnac abrite l'élégant château de Rochebrune, joliment restauré et très photogénique lorsque par beau temps ses tours se reflètent dans les douves.

■ CHÂTEAU DE ROCHEBRUNE

Rochebrune ✆ 05 45 65 26 69
www.tourisme-charentelimousine.fr
accueil@tourisme-charentelimousine.fr
A l'est de Chabanais, le château de Rochebrune élève ses quatre tours rondes et abrite des souvenirs des campagnes napoléoniennes du Général Comte du Pont, ancien propriétaire des lieux. Construit par Jourdain Ier, seigneur de Chabanais, avant son départ pour la première croisade (fin XIe), sa fonction était essentiellement défensive. De nos jours, jets de flèches et d'huile bouillante se font plus rares. On vient surtout pour admirer le mobilier Renaissance et Empire garnissant les différentes pièces. Les habitants actuels sont les descendants du général d'Empire Dupont, qui fut l'acquéreur du château en 1805.
A voir : la salle à manger, la salle des armes, les plafonds peints et décorés aux armoiries des princes Chabanais et le cheminé en pierre fin XVIe siècle.

La château de Rochebrune.

LÉSIGNAC-DURAND

Si le village lui-même ne présente guère d'intérêt, on s'arrêtera tout de même à Lésignac pour se rendre à l'observatoire ornithologique et visiter les lacs alentour.

■ LES LACS DE HAUTE-CHARENTE

© 05 45 65 26 69
(Maison des Lacs)
Ce vaste espace lacustre et touristique se cache en Charente Limousine et doit sa création… à l'homme. Les barrages de Lavaud et Mas-Chaban, devenus lacs, assurent l'étiage du fleuve Charente. Ils sont devenus aujourd'hui un véritable atout touristique grâce aux efforts importants qui ont été consentis pour en faire un espace naturel assez unique, en passe d'être intégré dans le périmètre du parc naturel Périgord-Limousin. Ces 400 ha nichés au milieu d'une nature généreuse et préservée offrent un domaine idéal de loisirs et de vacances : baignade, activités nautiques, pêche, randonnée à pied ou à vélo (location possible) sur les nombreux chemins qui sillonnent le site (onze circuits balisés de 6 km à 40 km). En outre, de nombreuses possibilités de logement sont possibles (maisons à louer, chambres de standing, camping).

■ OBSERVATOIRE ORNITHOLOGIQUE DE LAVAUD

© 05 45 65 26 69
www.tourisme-charentelimousine.fr
accueil@tourisme-charentelimousine.fr
A partir de la route rive gauche du lac de Lavaud, au village de Foucherie sur la commune de Lésignac-Durand, suivez les panneaux qui vous mènent à l'observatoire en bois équipé de fenêtres d'observation. Canards siffleurs, sarcelles d'hiver, échassiers… trouvent ici nourriture pour nidification ou pour une halte migratoire. Le matin, quand les embruns s'élèvent, prenez vos jumelles. Visite libre.

MASSIGNAC

Le bourg de Massignac a pour intérêt principal d'être le point de départ de nombreux sentiers de randonnée pédestre ou cycliste en direction des lacs de Haute-Charente. On pourra en particulier suivre une partie de la Scandibérique, la véloroute qui relie la Norvège à l'Espagne.

■ AVENTURE PARC LACS DE HAUTE-CHARENTE

Lacs de Haute-Charente
© 05 45 24 07 43
www.aventure-parc.fr
Un parcours dans les arbres avec sensations fortes à faire en toute sécurité pour petits et grands suivant votre taille. Le passage en maxi-tyrolienne à 160 m au-dessus de l'eau est étonnant.
Les nouveautés des années passées continueront assurément à vous faire passer de fabuleux moments : essayez le Quick Jump, propulsez-vous avec la Catapulte, ou testez vos limites avec le Climb & Jump ! Une très bonne adresse pour passer un bon après-midi en famille. Snack sur place.

LA ROCHEFOUCAULD ET ALENTOURS

LA ROCHEFOUCAULD ★

Le vert et le bleu pourraient être les deux couleurs symboliques de cette partie orientale de la Charente, très proche d'Angoulême. Les rivières locales, la Tardoire et le Bandiat, traversent des bocages et de grands espaces boisés comme la forêt de la Braconne ou la forêt d'Horte. La présence de grottes annonce le Périgord voisin tandis que les alentours de Montbron sont appelés Suisse charentaise, en raison de leur paysage verdoyant et vallonné. Le château de La Rochefoucauld a, lui aussi, droit à sa métaphore : la perle de l'Angoumois est l'une des nombreuses curiosités architecturales d'un pays qui a su élever les pierres au milieu des eaux vives et des arbres séculaires.

■ **OFFICE DE TOURISME LA ROCHEFOUCAULD LEZ PÉRIGORD**
39, rue des Halles ✆ 05 45 63 07 45
www.rochefoucauld-perigord.fr

A voir – A faire

■ **BALADE EN VILLE**
Les petites rues pavées forment un dédale parmi toutes les singularités de la cité rupificaldienne. Essayez donc de repérer le pont en dos d'âne qui enjambe la Tardoire, la porte de la Coquille du côté du faubourg Saint-Vincent, les maisons à colombages, le cloître de l'ancien couvent des Carmes et bien d'autres beautés architecturales, sans oublier son célèbre château. Des visites de la ville sont organisées toute l'année sur rendez-vous auprès de l'office de tourisme.

CHÂTEAU DE LA ROCHEFOUCAULD ★★
✆ 05 45 62 07 42
www.chateau-la-rochefoucauld.com
Le château de La Rochefoucauld est sans aucun doute l'un des plus beaux châteaux de l'Hexagone de style Renaissance. Cette superbe propriété appartient à la famille des La Rochefoucauld depuis mille ans. Monumental escalier Renaissance, boudoir de Marguerite de Valois, immense cuisine creusée dans le karst, salles d'apparat, salle de garde, bibliothèque du XVIIIe siècle, galeries de 1520... Le château offre plusieurs intérêts architecturaux mais le plus spectaculaire est certainement dans la cour. S'y déploient trois galeries superposées à l'italienne, très rares en France. A voir absolument, la magnifique bibliothèque très rare. Une vraie perle. Ces aménagements ont été réalisés du temps de François II de La Rochefoucauld, parrain du roi de France, François Ier, et de son épouse Anne de Polignac. Et peut-être que l'actuelle propriétaire, Sonia Matossian, parviendra à apporter sa pierre à l'édifice avec la réalisation d'un donjon en verre par l'architecte de la pyramide du Louvre Ieoh Ming Pei. Elle se bat pour sa réalisation depuis 1994 et espère trouver le mécénat adéquat.

Le château de La Rochefoucauld.

FORÊT DE LA BRACONNE

Entre La Rochefoucauld et Angoulême, la forêt de la Braconne s'étire sur plus de 4 000 hectares, dont une partie occupée par les militaires du 515e régiment du train.

Ce massif forestier se situe dans une zone de calcaire jurassique fissuré (le karst de La Rochefoucauld). L'espace de cette forêt domaniale est ouvert au sport (parcours de remise en forme, circuits de randonnée, VTT), à la simple promenade bucolique, à l'approche de la faune et la flore ou à la découverte de gouffres profonds et de fosses étonnantes (trou des Duffaits, grand-fosse, fosse mobile, fosse limousine...).

Se restaurer

L'INTEMPOREL

2, rue Gaillaudes
✆ 06 62 47 35 01
restaurant-lintemporel.fr
restaurant.lintemporel16@gmail.com

L'Intemporel est un restaurant gastronomique situé à La Rochefoucauld au pied du château. Pendant votre repas, laissez-vous emporter par les murmures de la Tardoire qui longe la terrasse. La cuisine proposée est sincère, ancrée dans les saisons, authentique et moderne. Le restaurant peut également être privatisé, et les gérants s'adaptent à toutes vos envies pour organiser vos événements.

Emplettes

CHOCOLATERIE D'ANTAN

2, rue des Gaillaudes
✆ 05 45 63 58 05
http://chocolateriedantan.com

Sur les rives de la Tardoire, au pied du château de La Rochefoucauld, la Chocolaterie d'Antan est un lieu où se mêle saveurs et plaisirs des yeux – et des papilles. Une fois franchi le seuil de la porte, on est transporté dans un tourbillon de couleurs et de parfums autour du chocolat. Boîtes fantaisie, tasses ou autres mugs, sans oublier les inénarrables chocolats sous toutes leurs formes, c'est un véritable jardin des délices qui s'offre à nous. A travers une grande vitre au fond du magasin, on découvre le travail quotidien des artisans chocolatiers, symbole d'une totale transparence du savoir-faire.

MARCHÉ DES PRODUCTEURS DE PAYS

Place de l'Eglise ✆ 05 45 62 02 61

Près de l'église et sous les halles, retrouvez tous les samedis matin les producteurs de pays réunis pour vous proposer un vaste panel de saveurs et de produits typiques de la région. Miel, fromages, pain, viandes et volailles, poissons, huîtres, mais aussi fruits et légumes tout comme vins, pineaux et cognacs se côtoient pour vous mettre en appétit ! Aussi, le 10 de chaque mois a lieu la foire, à ne pas manquer !

MONTBRON

Montbron, labellisée Station Verte, est aussi une petite commune à la pointe de la modernité. Avec votre smartphone (et en lisant les QR-codes disposés un peu partout), vous obtiendrez toutes les informations disponibles sur chaque monument de la cité.

A voir - A faire

■ CHAPELLE NOTRE-DAME-DES-LÉPREUX

Route de Piégut

Un lieu qu'il faut visiter. La Vierge à l'Enfant en bois polychrome et une partie de la chapelle datent de l'époque classique (XVIIe siècle). La façade, percée de colonnades permettait aux lépreux, qui restaient dehors, d'assister aux offices. Montbron se trouvait sur un itinéraire très fréquenté de la route de Compostelle, et la ville était exposée à la contamination. Léproseries et maladreries ont été créées en dehors des cités ; à Montbron, elle a été bâtie à proximité de cette petite chapelle.

■ ESPACE DE PRÉHISTOIRE ANDRÉ DEBÉNATH

1, place des Halles
http://prehistoire-montbron.net
prehorta@gmail.com

La Charente recèle de secrets et de mystères. Bien avant notre ère les premiers hommes avaient élu domicile ici, trouvant refuge dans les karsts de la région, laissant des traces de leurs gravures. Les différents lieux de vie où évoluaient les *Homo sapiens* et avant eux *Néandertal* intéressent les scientifiques qui établissent chaque année des fouilles dans les différents sites charentais. L'espace d'initiation à la préhistoire charentaise nous permet de replonger dans cet univers fabuleux à la découverte de nos origines. Le centre propose des animations et ateliers pour les plus jeunes au minimum un mercredi et un samedi par mois (se renseigner sur le site Internet). Et en période estivale, tous les 2e et 4e jeudis du mois, sont organisées des visites des grottes de La Chaise à Vouthon, à quelques kilomètres de Montbron. Pour une échappée au cœur de notre Histoire.

■ SENTIER DE LA RENAUDIE

La vallée de la Renaudie est classée réserve naturelle régionale depuis 2002. Partez à la découverte de cette gorge encaissée faite de granit, d'eau et de plantes rares. Le crapaud qu'on appelle le sonneur à ventre jaune et le cingle plongeur en sont quelques-uns de ses secrets habitants.

■ VIEUX CHÂTEAU

La seigneurie de Montbron aurait été fondée sous Chilpéric 1er, petit-fils de Clovis, par un de ses serviteurs, dénommé Bérulphe en 567. De sa première construction en bois il ne reste rien bien sûr, comme il ne reste rien non plus de la forteresse du IXe siècle. Suite à une destruction commandée par le roi Charles VII, le château a été réaménagé au XVe par la cousine du roi François 1er. Ne manquez pas sa tour polygonale, les deux fresques de la Renaissance ainsi que, en été, les salles d'expositions temporaires (sculpture, peinture, artisanat...).

Se restaurer

■ MOULIN DE LA TARDOIRE

Forge ✆ 05 45 66 41 46
www.moulindelatardoire.fr

Le Moulin de la Tardoire offre une magnifique vue sur la rivière ! On y vient pour le plaisir d'une cuisine gastronomique mitonnée par le Chef Matthieu Brudo. Au menu, les classiques de la tradition française, interprétés avec habileté et élégance. La carte évolue au fil des saisons car les produits viennent essentiellement de producteurs locaux. Une qualité qui a été récompensée par l'obtention d'une étoile au guide Michelin !

AIGRE

Sur le site d'un ancien moulin, la distillerie Gautier est venue profiter de la force motrice du fleuve pour prendre ses quartiers et concentre aujourd'hui encore l'essentiel de l'activité du village.
On pourra également profiter de l'atmosphère nonchalante autour de l'église Saint-Pierre.

A voir – A faire

COGNAC GAUTIER
28, rue des Ponts
✆ 05 45 21 10 02
www.cognac-gautier.com
gautier@mbws.com
Gautier reste un grand nom du cognac. Au XVIIe siècle, la famille se différencie des autres maisons par sa production à l'origine de tonneaux, de fûts. Le bois provient de la forêt de Tronçais, située dans l'Allier et très réputée pour la qualité de ses arbres. En 1644, Charles Gautier épouse Jacquette Brochet, fille de vignerons. Louis, leur petit-fils, développe l'activité du cognac, qui prend un énorme essor. En 1755, la maison Gautier est officiellement fondée par l'obtention du droit royal de production qui porte la signature du roi Louis XV. Les chais de la maison Gautier sont installés dans l'ancien moulin à eau d'Aigre. Gautier a aujourd'hui rejoint le groupe Marie Brizard Wine & Spirits (MBWS).

Emplettes

LE BON MARCHÉ DES SAVEURS
2, rue du Pont Boursier
✆ 05 45 91 36 92
www.bon-marche-des-saveurs.com
Christophe vous accueille dans son épicerie fine où chaque pas est un émerveillement. Découvrez plus de 30 variétés de poivres et 140 sortes de thés dans ce paradis des fins gourmets. Parmi de nombreuses spécialités charentaises triées sur le volet, comme des vinaigres, des confitures, des cognacs, des pineaux et autres, vous trouverez des épices, des pâtes venues tout droit d'Italie et de nombreuses douceurs sucrées. Une mention spéciale pour le jeu de dames à déguster ou les coffrets chocolatés à couper soi même avec un petit marteau.
Une partie décoration et art de la table dans un style raffiné et chic séduira les plus exigeants. Service traiteur.

BARRO

Un tout petit village niché dans un coude de la Charente qui doit beaucoup de son charme au fleuve et à ses lavoirs. Outre le bourg, il faut jeter un coup d'œil depuis la vue panoramique située au lieu-dit « Les Touches ». En septembre, des centaines de photographies (dont de nombreuses signées par de grands noms du photoreportage) sont exposées dans les rues du village lors du festival Barrobjectif.

MANSLE

Niché au fond d'une vallée verdoyante, Mansle est le point de départ de nombreuses randonnées à pied ou à vélo, mais également en kayak, paddle ou canoë. Un tourisme on ne peut plus vert, que l'on complétera avec la visite de l'arboretum Jean-Pierre Lanson, qui concentre plus d'une centaine d'essences d'arbres. La ville est labellisée Station verte et Station Sports Nature.

A voir – A faire

■ ÉGLISE SAINT-LÉGER

Voilà une église pour le moins hétéroclite, portant les traces des périodes successives : fenêtre romane en plein cintre du XIIe, arcades des voûtes de la nef (sud) et portail gothique du XIVe, chapelle du Saint-Sacrement, vaisseau et contreforts du XVIe, tabernacle du XVIIIe, tableaux du XIXe. A voir également : le retable avec ses colonnes à fût lisse et ses pilastres cannelés, et l'écu des Saint-Gelais (début XVIe), qui surmonte le vitrail du chevet de la chapelle du Saint-Sacrement.

■ PARC FLORAL JEAN-PIERRE LANSON

Avenue Korb
✆ 05 45 22 20 43

Ce parc qui abrite des arbres méditerranéens et un certain nombre de variétés de fuchsias est organisé comme un parcours ludique car les noms des espèces sont indiqués. Une rivière artificielle et une cascade agrémentent la visite, des bancs et des toilettes permettent d'y passer une agréable après-midi avec les enfants. Seul bémol, le manque de parking et la situation en bord de route qui rend l'accès peu aisé. Un point positif, le parc est ouvert toute l'année et en accès libre, à noter que la floraison des fuchsias commence en juin et atteint son apogée en juillet.

Se restaurer

HÔTEL-RESTAURANT BEAU RIVAGE

Place du Gardoire
✆ 05 45 20 31 26
www.hotel-beau-rivage-charente.com
hotel.beau.rivage.16@orange.fr

Le restaurant Beau Rivage accueille aussi bien les groupes que les couples et les familles dans son ambiance hors du temps. L'été vous pourrez profiter de la terrasse idéalement située qui surplombe un jardin agréablement aménagé et la Charente toute proche pour une vue panoramique du paysage. La carte propose des mets pour tous les goûts, de la spécialité locale telle que la « chaudrée charentaise » à base de poisson, au magret de canard. Une mention spéciale au buffet d'entrée bien achalandé et de belle fraîcheur qui ravira petits et grands. L'accueil est agréable et familial, et le service de qualité.

NANTEUIL-EN-VALLÉE

Blotti dans un cirque, le village de Nanteuil, labellisé « Petite Cité de Caractère », ne laisse pas indifférent l'automobiliste qui le découvre en contrebas de la route reliant Ruffec à Champagne-Mouton. Ne pas s'y arrêter serait une erreur. Organisé autour de l'abbaye, le bourg jouit d'une restauration réussie qui met en valeur ses richesses : maisons à colombages, fontaine, etc. Propriété privée, l'abbaye abrite un atelier d'art religieux et propose un élixir dit du Val des Loups. Sept plantes fraîches le composent comme pour rappeler que la richesse de Nanteuil est aussi végétale à l'image des Jardins de l'Argentor, entre espaces paysagers et aquatiques, à visiter eux aussi !

A voir – A faire

ABBAYE NOTRE-DAME

✆ 05 45 31 82 67

Cette abbaye a été fondée en 780 par Charlemagne qui, à l'époque, promenait sa barbe fleurie en pays d'Aquitaine. A voir : la remarquable tour carrée de 11 m de côté appelée « Le Trésor Roman ». Cette tour (XIe et XIIe siècles) forme deux salles superposées et possédant chacune des petites voûtes d'arêtes soutenues par des arcs-doubleaux et un pilier central. Ne manquez pas non plus le bâtiment sur plus d'une centaine de mètres appelé « Les Grands Greniers », probablement en raison d'une ancienne fonction d'entrepôt. Ce bâtiment (XIIe et XIIIe) possède des cheminées, des banquettes dans l'embrasure des fenêtres et une déco intérieure qui tendent à faire penser qu'il s'agissait également de l'hôtellerie de l'abbaye. Des fouilles ont été entreprises entre 2011 et 2017, une exposition permanente est désormais consacrée au lapidaire, découvert lors de cette campagne de fouilles.

Abbaye de Nanteuil-en-Vallée.

Se restaurer

AUBERGE DE L'ARGENTOR
17, rue Guillaume-Le-Noble
✆ 05 45 31 85 20
www.aubergedelargentor.fr
aubergedelargentor@hotmail.fr
L'accueil est toujours radieux à l'Auberge de l'Argentor. L'établissement est à double facette avec un bistrot où l'ambiance est conviviale et joyeuse, et à l'arrière, un véritable restaurant gastronomique avec des mets de grande qualité. La carte est succincte, garante de produits frais et de saison. D'ailleurs la Cheffe travaille avec des fournisseurs locaux pour confectionner des plats haut de gamme. Chacun y trouvera son compte, entre viande limousine et l'incontournable déclinaison de foie gras. Une adresse à ne pas manquer.

RUFFEC ★

Le Ruffécois, c'est encore ou c'est déjà le Poitou, selon qu'on quitte ou qu'on arrive en Charente. Cet Angoumois septentrional, bien que traversé par la douce rivière homonyme, n'est pas a priori la zone la plus attrayante du département. Nous disons bien a priori... Des efforts de mise en valeur du patrimoine sont réalisés, comme dans le très beau village de Tusson, et c'est sans compter sur la pléthore d'églises romanes dans les campagnes. Et puis, au moins ici, on n'est pas dérangé par la frénésie touristique.

OFFICE DE TOURISME DU PAYS DU RUFFÉCOIS
18 place des Martyrs de l'Occupation
✆ 05 45 31 05 42
www.ruffecois-tourisme.com

A voir - A faire

CHÂTEAU DE RUFFEC
En face de l'église, de l'autre côté du Lien vous apercevrez les fondations du château de Ruffec qui devint un marquisat au XVIIIe siècle et, surtout, appartint à la famille du Duc de Saint-Simon, mémorialiste et chroniqueur de la cour de Louis XIV. S'il n'est pas visitable, la promenade à pied depuis l'église vous fera apprécier les jardins fleuris du bord du Lien et les belles maisons de ce quartier charmant.

ÉGLISE SAINT-ANDRÉ ★
Cette vaste église du XIIe est un témoignage de l'art roman. Observez la façade classée, aux influences poitevines : division en trois parties, arcades aveugles qui encadrent la porte. L'ensemble illustre le thème de l'Ascension du Christ. On y retrouve un tympan sur l'arcature nord qui a fait l'objet de multiples théories en son temps par les érudits locaux. La gravure représente, entre autres, un homme allongé avec un chien ailé. Certains ont affirmé qu'elle désignait le fondateur de l'église, d'autres que c'était la représentation de la mauvaise mort, un homme tourmenté par le démon. L'église est au centre de l'un des plus charmants quartiers de Ruffec, délimité par les vestiges de l'ancien château ayant appartenu au duc de Saint-Simon. Les rives du Lien offrent un agréable but de promenade, que l'on peut prolonger dans les ruelles de la vieille ville, où l'on observera les belles maisons charentaises.

Se restaurer

AUX CHOEURS DE BACCHUS
11, place Aristide-Briand
✆ 05 45 30 19 80
Ici, on peut improviser à toute heure des dégustations au verre accompagné de tapas, d'une assiette de charcuterie ou de fromages. Quant à la carte des mets, elle change régulièrement et allie tradition et inventivité (notamment par les épices). Notez que chaque plat de votre menu peut être accompagné d'un verre de vin et que, si vous êtes séduit, vous pourrez faire l'acquisition d'une ou plusieurs bouteilles. Le décor aux dominantes boisées se rapproche de l'esprit brasserie. Une adresse de qualité à Ruffec.

Sports / loisirs / activités

BASE CANOË-KAYAK DE RÉJALLANT
✆ 06 45 40 40 06
www.canoeruffec.fr
info@canoeruffec.fr
Location de canoës et de kayaks, mais également de stand up paddles et de pédalos. Le club propose des promenades et circuits à partir de 30 minutes et jusqu'à 3h de randonnée sur l'eau pour les plus aventureux.

SAINT-AMANT-DE-BOIXE

Si l'Espace d'Architecture Romane, installé dans l'abbaye de la ville, est le point d'orgue de votre visite dans la commune, cette dernière ne manque pas pour autant de charme. Entourée de champs et de verdure, elle dispose également d'un tissu associatif, commercial et culturel développé.

ABBAYE DE SAINT-AMANT-DE-BOIXE ★
Espace d'Architecture Romane
✆ 05 45 94 24 27
www.abbayesaintamantdeboixe.fr
Splendide église abbatiale datant du XIIe siècle. À l'intérieur de l'édifice, la nef romane, le chœur gothique, la crypte et les peintures murales du XIVe siècle attirent le regard. À côté de l'église, la visite des bâtiments abbatiaux permet de découvrir le cloître, le réfectoire, le cellier et la cuisine. Les bâtiments conventuels abritent l'Espace d'Architecture Romane : de nombreux modules ludiques et interactifs invitent le visiteur à partir à la découverte de cette architecture si singulière et des hommes qui ont contribué à son essor. L'abbaye accueille également de nombreuses animations (spectacles, visites insolites, ateliers enfants, salon d'artisanat d'art...) programmées tout au long de l'année.

TUSSON

L'ensemble du village mérite une flânerie. Tusson a connu un beau rayonnement par le passé : quatre vastes tumulus protégés par des bosquets à proximité du village indiquent que le site attirait depuis le Néolithique et plusieurs millénaires plus tard, autour du prieuré fontevriste, se développe une riche communauté. Cette richesse s'est imprimée dans l'architecture sur plusieurs maisons du village. Si vous avez la chance d'y être au printemps, la beauté du village est soulignée par les fleurissements réalisés par le Club Marpen qui est vraiment la bonne fée de Tusson.

A voir - A faire

■ JARDIN MONASTIQUE MÉDIÉVAL

Maison du patrimoine
Route d'Aigre
✆ 05 45 31 17 47
www.clubmarpen.org

Situé à l'arrière de la maison du Patrimoine, le jardin regroupe des arbustes et des plantes déjà cultivés dans la région entre le XIIe et le XVe siècle. C'est grâce à des documents d'époque qu'il a pu être reconstitué avec un grand souci d'authenticité. Au gré de la visite, vous arpenterez le Jardin des Simples (plantes adoucissantes comme la bourrache, la guimauve et plantes digestives comme la sarriette, la mélisse) ainsi que le Jardin des Senteurs. C'est dans ce dernier que les moines cultivaient des fleurs « vertueuses » comme la rose, le lys, le souci, l'acanthe... Vous pourrez également arpenter le verger cimetière et le potager. C'est un lieu empreint de calme et de sérénité où vous aurez plaisir à flâner et à vous ressourcer. Près du jardin, vous apercevrez la distillerie et de vieilles carrioles d'époque. Des livrets pédagogiques sont à disposition des familles pour une découverte ludique du site.

■ MAISON DU PATRIMOINE – LOGIS MARGUERITE D'ANGOULÊME

✆ 05 45 31 68 77
www.clubmarpen.org
classepatrimoine@clubmarpen.org

Cette bâtisse du XVIe siècle possède une belle façade ornementée. Marguerite de Valois (ou d'Angoulême) a occupé ces lieux. De nos jours, le Logis est devenu la maison du Patrimoine avec une intéressante collection de mobilier régional. La maison du Patrimoine est aussi un lieu d'information sur le tourisme dans le village de Tusson, et vous propose une boutique avec un vaste espace librairie en rapport avec la région. Des expositions temporaires viennent agrémenter la visite du Logis tout au long de l'année.

Se restaurer

LE COMPOSTELLE

Le Bourg
✆ 05 45 31 15 90
http://lecompostelle-tusson.fr
le-compostelle@wanadoo.fr

Cécile et Laurent Malescot tiennent cet établissement avec terrasse au cœur du jardin. Accueil chaleureux et simple, cadre agréable fait de vieilles pierres et nappes blanches, et, surtout, une cuisine irréprochable (les desserts sont magnifiques), délicate et recherchée, alliée à une excellente carte des vins. Laurent est Maître Restaurateur, un titre délivré par arrêté préfectoral à ceux qui travaillent les produits bruts de qualité, en les diversifiant, et qui, d'une manière plus générale répondent à un cahier des charges extrêmement fourni concernant, outre la cuisine, l'accueil, les aménagements intérieur et extérieur, l'hygiène et la sécurité. Que dire de plus ? Une des meilleures adresses du département.

VERTEUIL-SUR-CHARENTE

Illustre lieu de naissance du Rastignac de Balzac, le village de Verteuil-sur-Charente est propice à la flânerie, à l'ombre des tours et des remparts du château.

CHÂTEAU ★

48, rue des Halles
✆ 05 45 30 23 18
Voici le château de Verteuil, labellisé « Maison des illustres », avec ses huit tours, dont une de guet. Édifié au XIe, modernisé au XIXe, le château a accueilli notamment François Ier, Henri de Navarre, Louis XIII, le prince de Condé, l'amiral Coligny, Charles Quint. Propriété de la famille de La Rochefoucauld, c'est dans ces murs que François VI, duc de La Rochefoucauld, célèbre auteur des Maximes, écrivit ses mémoires. Possibilité de visite du parc et de la grande cuisine sur demande.

ÉGLISE SAINT-MÉDARD ★

De style roman, cette église date du XIIe. Parmi ses trésors, on retrouve une impressionnante mise au en terre cuite polychrome réalisée par le sculpteur Germain Pilon, qui est à l'oirigine des tombeaux de plusieurs rois de France, notamment François Ier. Cette œuvre fut commandée par Anne de Polignac, veuve du duc François de La Rochefoucauld, deuxième du nom. Les huit personnages, grandeur nature, composent une scène saisissante de réalisme et d'émotion. La terrasse de verdure qui longe joliment la Charente est classée.

MOULIN

4, allée du Moulin ✆ 05 45 29 04 77
www.moulin-verteuil.fr
contact@moulin-verteuil.fr
Ce moulin du XVIIe siècle est incontournable dans la visite de Verteuil pour plusieurs raisons. D'abord, il est en état de marche et exploité par Marie-Ange et François Lancestre qui utilisent leur farine pour fabriquer et vendre leur pain et leur délicieuse brioche feuilletée. Ensuite, il bénéficie d'un cadre exceptionnel, au pied du château et au bord de la Charente. Et on peut profiter de tout ça en sirotant un thé ou en grignotant à table ou sur les chaises longues que les propriétaires ont eu la délicatesse d'installer sur le bord du fleuve.

Verteuil-sur-Charente.

ORGANISER SON SÉJOUR

Aubeterre-sur-Dronne.

SE RENDRE EN CHARENTE

En train

La solution la plus rapide pour rejoindre Angoulême ou Cognac. Au départ de Paris-Montparnasse, les TGV gagnent Angoulême en 3h10 et une correspondance en TER vous amène à Cognac en 45 minutes supplémentaires. Plusieurs départs quotidiens.

SNCF
✆ 36 35
www.sncf.com

Par la route

En voiture

Via la A10 depuis Paris, il faudra compter 4h40 pour rejoindre Angoulême, et 36 € de péage. L'alternative par la A20 puis la N10 permet d'économiser le coût du péage, mais rallongera le parcours de près de 2h.
Entre Cognac et Angoulême, il faut compter une quarantaine de minutes via la N141.

© JACKF - STOCK.ADOBE.COM

La ville d'Angoulême.

Hôtels

■ LE CRAB

27, rue Kléber
Angoulême ✆ 05 45 93 02 93
www.hotel-le-crab.com
lecrab.angouleme@orange.fr

Le Crab est situé près de la gare et non loin du centre-ville. La plupart des chambres de cet hôtel ont été rénovées il y a peu et elles présentent une décoration épurée et aérée. Chaque chambre est équipée du Wifi gratuit et d'une télévision, de quoi occuper sa soirée. Le petit déjeuner est quant à lui servi au bar et est à volonté. L'hôtel fait également restaurant en semaine, le tarif est modique mais le menu est copieux et le choix est large, tant par les entrées sous forme de buffet que par le choix des plats et des nombreux desserts. Une adresse à retenir pour un séjour à Angoulême sans se ruiner. L'accueil est sympathique et se fait en français et en anglais.

■ L'EPI D'OR***

66, boulevard René Chabasse
Angoulême
✆ 05 45 95 67 64
www.hotel-epidor.fr
info@hotel-epidor.fr

Situé non loin du centre-ville, cet hôtel vous réserve un accueil chaleureux, avec un personnel souriant, vous recevant en français, en anglais ou en espagnol. Les chambres modernes au charme discret vous proposent un confort de qualité. Dans des teintes naturelles, la décoration est élégante et propre à se sentir douillettement enveloppé de bien-être. Salles de bains magnifiquement aménagées, télévision avec large choix de programmes, tout est prévu pour votre détente. Le plateau de courtoisie vous permet une pause thé ou café sur la terrasse de votre chambre. Cet établissement existe depuis 1972 et a été récemment rénové. Pas de restauration sur place, mais Angoulême offre une large palette de restaurants pour tous les budgets et pour tous les goûts. Pour trouver un repos réparateur après une journée de travail ou de visites, cet hôtel est fait pour vous.

■ EUROPÉEN HÔTEL***

1, place Gérard Pérot
Angoulême ✆ 05 45 92 06 42
https://europeenhotel.fr/fr
europeenhotel@wanadoo.fr

Situé en plein centre, ce petit hôtel sympathique au confort et à la décoration modernes vous garantit un séjour sans souci et à proximité immédiate de tout ce que la ville offre comme commerces et restaurants. Un point de chute idéal pour une visite de la cité des Valois, pas besoin de prendre la voiture, tout est à proximité, musées et points d'intérêt touristique et historique. Le soir, le confort des chambres vous assure un repos de qualité. Vous aurez le choix entre une douche ou une baignoire selon votre désir. Si vous devez partir très tôt, on vous préparera un petit déjeuner qui vous attendra au réveil. Une adresse sans prétention et abordable.

■ GASTE HÔTEL RESTAURANT
381, rue de Bordeaux
Angoulême
✆ 05 45 91 89 98
www.hotelgaste.com
info@hotelgaste.com
Un petit hôtel familial traditionnel, où Catherine, Pascal et leurs trois salariés représentent avec panache la troisième génération. Les chambres sont confortables et propres, sans fioritures et claires, toutes équipées de la télévision par câble et du Wifi gratuit. Différents types de chambres sont disponibles, grand lit ou un grand et un petit lit pour les familles. Tout sera mis en œuvre pour que votre séjour se passe sans aucun problème et vous laisse l'envie de revenir. L'hôtel travaille beaucoup avec les entreprises qui détachent leurs employés à Angoulême pour une courte période et l'ambiance familiale qui y règne leur assure un séjour serein. Le restaurant ouvert en semaine vous permet de rester sur place toute la soirée. L'accueil est le point fort de l'établissement et nul doute que vous y reviendrez pour ça.

■ HÔTEL MERCURE****
1, place des Halles Centrales
Angoulême
✆ 05 45 95 47 95
www.mercure.com/Angouleme
h1213@accor.com
Le Mercure est l'hôtel de standing d'Angoulême : un ensemble restaurant-hôtel très agréable, une jolie terrasse et un bar très accueillant. Les chambres sont déclinées en deux styles, contemporain ou design, colorées ou plus sobres. 2 chambres de luxe et 3 suites peuvent accueillir 4 personnes et 80 chambres standard ont une capacité d'accueil de 3 personnes. L'accueil est plus que souriant et avenant, il se fait en anglais, en espagnol ou en français. Notons que le bar est ouvert de 6h30 à minuit, ce qui vous permet de prolonger votre soirée en restant sur place. Fait exceptionnel, l'hôtel vous propose un service de prêt de bandes dessinées ; il est vrai que le lieu a vu passer nombre de dessinateurs. Une adresse à retenir et à conseiller : située en plein centre d'Angoulême, elle offre un point de chute central pour une visite de la ville et des environs.

HÔTEL DU PALAIS***
4, place Francis-Louvel
Angoulême
✆ 05 45 92 54 11
www.hotel-angouleme.fr
info@hotel-angouleme.fr
Ce ravissant hôtel jouxtant le palais de justice est idéalement situé au cœur du vieil Angoulême. L'accueil y est chaleureux et professionnel. Les couleurs de l'entrée vous surprendront et vous raviront par leurs tons vifs, chauds et dynamiques, loin des tonalités pastel et neutres de certains établissements. Les chambres, toutes singulières, sont aussi osées que l'entrée et séduiront les clients recherchant une atmosphère confortable, résolument différente de celle des chaînes connues. La proximité de nombreux restaurants et commerces fait de cette adresse un point de chute idéal pour qui veut passer quelques jours dans la cité des Valois.

■ HOSTELLERIE DU PÉRIGORD
Route de Ribérac
Quartier Plaisance
Aubeterre-sur-Dronne
✆ 05 45 98 50 46
www.hostellerie-perigord.com
Hpmorel@aol.com

Le Souffle Vert
Comme un air de vacances

Inspirez... Soufflez !

En quête de restauration, d'hébergement, de location de salle, d'activités ? Vous aimez les grands espaces et la pleine nature ? Venez découvrir Le Souffle Vert !

Piscine d'été

Gîte

- **Hébergement en chambres, gîtes ou dortoirs**
- **Mariages, anniversaires, cousinades...**
- **Réunions professionnelles, associatives, sessions de formation...**

Grande terrasse

Au sein de l'établissement, découvrez aussi le

Restaurant "Chez Burgou"

Cuisine traditionnelle, dans un cadre convivial et authentique. Salle spacieuse et grande terrasse.

Tél. 05 55 31 65 33

Restauration soignée

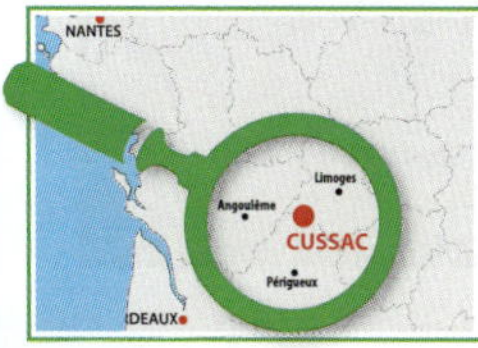

Aux confins du Périgord Vert et de la Charente Limousine !

Le Souffle Vert
14, rue de Saint-Mathieu
87150 CUSSAC
Tél. : 05 55 30 09 70
www.lesoufflevert.com

Un hôtel tout confort, avec vues sur la vallée de la Dronne ou le château d'Aubeterre, classé parmi les Plus Beaux Villages de France. Les chambres sont spacieuses, la décoration adaptée à chaque lieu. Rachel Morel est Anglaise. Elle sait allier avec précision tous ces petits détails qui donnent de l'âme et de la sérénité à un lieu d'accueil et de découverte. Elle chine les brocantes des villages du Périgord mariant son côté « British » par ses bibelots et accessoires ramenés de ses nombreux voyages en Angleterre... Le Chef, Fabrice Morel, travaille les produits du terroir de façon inventive en créant de subtiles variations autour du sucré-salé.

■ BON REPOS**

79, avenue Félix Gaillard
Barbezieux-Saint-Hilaire
✆ 05 45 78 01 92
www.hotelresto-bonrepos.com
bonrepos@orange.fr

Vous êtes ici chez Corinne et Claude Heulin, qui tiennent la maison depuis… trente-huit ans ! Et vous êtes quasiment sur le bord de la Voie Verte. Pour rejoindre Angoulême, il n'y a que 30 km à parcourir. Toutes les chambres bénéficient d'une douche ou d'un bain, on y capte Canal+ et on y surfe en toute liberté, sans payer. A table ! Les touristes en maraude trouvent un menu du jour peu onéreux et bien tourné par Claude : petit merluchon (trop méconnu) mayonnaise, longe de porc (idem) rôtie, fromage ou dessert. Faites-vous plaisir en toute mesure avec un verre de Haut-Médoc ou un verre de vin d'Alsace. Ceux qui ont décidé de profiter du pays peuvent opter pour du vin… de pays précisément, proposé en rouge, en blanc et en rosé. Si vous disposez de plus de temps, il serait dommage de contourner les deux spécialités de Claude : le foie gras frais mi-cuit ou le saumon, qu'il fume lui-même… avant un contre-filet sauce au poivre ou une sole extra-fraîche, ici, on est exigeant sur la qualité des produits. Adresse simple et sérieuse.

Église Saint-Pierre et Saint-Paul, Bouteville.

■ LA BOULE D'OR

9, boulevard Gambetta
Barbezieux-Saint-Hilaire
✆ 05 45 78 64 13
http://labouledor.net/
laboule.dor@wanadoo.fr

Entre vallons, lande et églises romanes, vous avez beaucoup à faire dans ce village du fondateur de la Ligue des Droits de l'Homme, ancien arrondissement (au XIXe) du département de la Charente. Vous allez devoir vous ménager une halte, en voici une très convenable. Toutes les chambres sont insonorisées, vous êtes ici au calme pour surfer, gratuitement par-dessus le marché. Les inconditionnels de la télévision sont heureux de trouver CanalSat. Ce qui vaut la bonne réputation de la table ? Le foie gras et le saumon fumé, tous deux maison bien sûr.

■ L'ESSILLE***

43, route de Condé
Bassac
✆ 05 45 81 94 13
www.hotel-restaurant-essille.com
l.essille@wanadoo.fr

Au cœur de la Charente cet hôtel-restaurant a une architecture du sud et l'intérieur est coloré. Il est doté d'un bain à remous et d'une table de massage. Les chambres sont joliment décorées, elles ont toutes leur personnalité et une vue sur les environs. La salle de restaurant ouvre sur le parc arboré par de grandes baies vitrées.

■ DOMAINE DE L'ÉCHASSIER

72, rue Bellevue
Châteaubernard
✆ 05 45 35 01 09
www.echassier.com
echassier@wanadoo.fr

Attention, de ces lieux, on s'en va difficilement. Comment renoncer au cadre d'un grand parc arboré ? Comment se passer d'une piscine formidable ? Comment oublier le confort british du salon ? Est-ce vrai qu'il faut quitter ces chambres aux tons chaleureux, où vous surfiez librement (et gratuitement) ? Comment atterrir après avoir été nourri à la gastronomie ? Ah ! Ce filet de turbot rôti et ses millas à la charentaise – une réduction de pineau, ou cette poêlée de cèpes et de petits gris vous tire encore les larmes... Serrez les dents, il faut un jour, partir. Puis réfléchir à tête reposée. Alors... qui vous empêche de revenir ? Et pourquoi pas plus longtemps ? Aviez-vous seulement eu le temps de profiter du tennis, du golf, du centre équestre à proximité ? Vous voyez, vous croyiez tout à l'heure savoir que vous ne pourriez rien oublier...

■ HÔTEL-RESTAURANT LE PASSIFLORE**

2, avenue Angoulême
Châteaubernard
✆ 05 45 32 16 15
www.hotel-passiflore-cognac.com
info@hotel-passiflore-cognac.com

Véronique et Pascal sont issus de familles d'hôteliers et certains membres de leur équipe sont présents depuis de très nombreuses années dans l'établissement.

Les chambres sont modernes, très fonctionnelles et parfaitement équipées pour un deux étoiles. Le coin bibliothèque avec son canapé et ses fauteuils et la petite piscine sont très agréables. Le restaurant sert une cuisine régionale et traditionnelle.

L'YEUSE

65, rue de Bellevue
Châteaubernard
✆ 05 45 36 82 60
www.yeuse.fr
reservations@yeuse.fr
Une folie du XIXe siècle, entièrement rénovée, entourée d'un parc de 2 ha qui domine la vallée de la Charente et les environs avec un superbe point de vue qui peut porter jusqu'à 40 km. Le cadre est vraiment idyllique. Le décorateur a conservé les stigmates du passé tout en apportant de l'originalité. Les chambres sont d'un grand classique mais cosy à souhait. On peut manger et se détendre sur la grande terrasse. La cuisine du Chef est à la hauteur des lieux.

HÔTEL CHAIS MONNET & SPA *** **

50, avenue Paul Firino Martell
Cognac
✆ 05 17 22 32 23
www.chaismonnethotel.com
contact@chaismonnethotel.com
Un lieu d'exception pour un moment inoubliable en Charente. Cet hôtel et spa vous promet en effet une halte particulièrement ressourçante. Installez-vous dans votre chambre, ou votre suite, et laissez-vous porter par la magie des lieux ! Et votre séjour sera aussi placé sous le signe de l'histoire et du patrimoine. Les chais Monnet, créés en 1838, sont en effet l'un des sites industriels les plus imposants de France. C'est donc une expérience exceptionnelle qui vous attend, un charme intemporel, et des prestations où l'unique mot d'ordre est votre bien-être. Pour cela, vous pourrez compter sur le restaurant gastronomique de l'établissement, la brasserie, le jazz bar mais aussi la salle de fitness, le jacuzzi, le hammam et le sauna. Venez, profitez, savourez. Simplement.

HÔTEL FRANÇOIS IER****

3, place François-Ier
Cognac
✆ 05 45 80 80 80
www.hotelfrancoispremier.fr
reservations@hfpc.fr
L'hôtel François Ier est un établissement haut de gamme aux prestations de grande qualité. Les touristes qui se rendent à Cognac pour goûter les charmes de ses spiritueux et les artistes invités lors d'un des nombreux festivals de la région ne s'y trompent pas. Avec ses belles chambres décorées avec soin, son bar et ses cocktails savoureux, son spa et ses massages, l'hôtel est rapidement complet. La réservation est grandement conseillée.

HÔTEL LE CHEVAL BLANC***

6, place Bayard
Cognac
✆ 05 45 82 09 55
www.hotel-chevalblanc.fr
info@hotel-chevalblanc.fr
Cet hôtel est idéalement situé en centre-ville, tout près du centre des congrès, des restaurants et de la gare. Il dispose d'une terrasse vous permettant de prendre le petit déjeuner ou de vous détendre. Les chambres sont très récentes et confortables avec une possibilité de loger jusqu'à 5 personnes.

HÔTEL LE VALOIS***

35, rue du 14-Juillet
Cognac
✆ 05 45 36 83 00
www.hotellevalois.com
contact@hotellevalois.com

Le service bar propose les plus grands noms du cognac bien sûr mais il est à noter que l'hôtel a mis en place un partenariat avec cinq restaurants fameux de la ville : le Duguesclin, le Cellier, le Coq d'Or, le Globe, le Chai. On appréciera l'emplacement central de l'hôtel, particulièrement agréable pour visiter les grandes maisons de cognac situées en centre-ville ou pour s'orienter vers les différents crus.

■ L'HÉRITAGE

25, rue d'Angoulême
Cognac
✆ 01 05 45 82 01 26
www.hotelheritage.fr
reservations@hotelheritage.fr

Dans une rue piétonne, M. et Mme Perron et M. Le Grand vous accueillent depuis un an et ce sont des professionnels. Charmant patio l'été, superbe salle intérieure l'hiver. L'hôtel a été récemment entièrement rénové. On vient manger ici surtout pour les divers plats à base de produits frais et de saison. La carte y change tous les jours. La localisation en centre-ville de l'hôtel permet de ne pas être dépendant de la voiture.

■ L'OLIVERAIE**

6-8, place de la Gare
Cognac
✆ 05 45 82 04 15
www.oliveraie-cognac.com
contact@oliveraie-cognac.com

La maison de Jean-Luc et Nathalie Fustin est une adresse efficace : hébergement de qualité, cuisine à l'excellent rapport qualité-prix. Bravo pour la taille des chambres, l'adjectif « spacieuses » convient exactement, c'est un atout incontestable. Selon la catégorie, vous bénéficiez d'une baignoire ou d'une douche hydromassante. Après avoir respiré dans les jardinets, à table. Celle-ci est d'abord généreuse, toutes les formules comprennent entrée, plat, fromage, dessert, quart de vin et café… Rarissime.

L'Oliveraie a ouvert le Château Pélisson à Cognac, qui propose des chambres d'hôtes et une salle de réception.

■ LES PIGEONS BLANCS

110, rue Jules-Brisson
Cognac
✆ 05 45 82 16 36
www.pigeons-blancs.com
pigeonsblancs@wanadoo.fr

Cet établissement fut un relais de poste du temps du règne de François Ier. C'est la famille Tachet qui tient les rênes, depuis… le XVIIe. Côté cuisine, manger ici, c'est se laisser raconter des histoires, des histoires de Charente bien sûr, mais aussi des histoires humaines tout court. D'ailleurs, le menu emblématique de la maison (il existe depuis trente ans, sous d'autres noms) s'appelle aujourd'hui « Histoire d'un jour », il est éphémère, une petite journée et puis s'en va, il est précieux.

Ensuite, vous rentrez dans votre chambre, et, sous les poutres apparentes, près de l'âtre, vous voyez les étoiles… Cette maison est plus qu'un concept hôtelier et gastronomique réussi, c'est un état d'esprit, le condiment qui fait la différence.

■ QUAI DES PONTIS ★★★

16, rue des Pontis
Cognac
✆ 05 45 32 47 40
www.quaidespontis.com
reception@quaidespontis.com

Ce domaine plein de charme propose plusieurs types d'hébergements, du plus classique au plus dépaysant ! Chambres, lodges, cabanes sur pilotis ou encore roulottes vous permettront d'apprécier ce lieu reposant et calme. Situé au bord de la Charente, le Quai des Pontis est aux petits soins pour ses hôtes. L'ambiance y est chaleureuse et le personnel discret. Les petits déjeuners sont une merveille et le bar sympathique !

■ **LA RÉSIDENCE COGNAC****

25, avenue Victor-Hugo
Cognac
✆ 05 45 36 62 40
www.hotellaresidence-cognac.com
contact@hotellaresidence-cognac.com

A deux pas de la place François-Ier, ce charmant hôtel moderne propose seize chambres confortables à la décoration moderne et personnalisée. De la chambre simple à la chambre familiale supérieure, vous trouverez tous les types de confort. La petite boutique de l'hôtel vous permettra de rapporter des spécialités de la région et le partenariat de l'hôtel avec plusieurs restaurants de la ville vous permettra de passer une agréable soirée.

■ **HÔTEL-RESTAURANT EMERAUDE**

20, rue Emile-Roux
Confolens
✆ 05 45 84 12 77
www.emeraude-hotel-confolens.com
emeraude-hotel@wanadoo.fr

Joëlle et Stéphane Devoos travaillent dur pour vous, ils font tout, tout le temps. Merci pour le wifi gratuit dans les chambres. Le bar est ouvert de 6h à 1h du matin. La carte reflète la polyvalence de ce couple tonique : cassolette d'escargots, brochettes de saumon et espadon, dos de cabillaud, viandes limousines, volailles locales… et de multiples pierrades, ces plats qui permettent de partager à parts égales le plaisir de manger et de discuter. Bravo pour le secours apporté à ceux dont l'appétit peut s'ouvrir à n'importe quelle heure : on leur sert un plat rapide ! Une question se pose : quand dorment Joëlle et Stéphane ? Adresse très sympathique.

■ **PONT VIEUX**

1 bis, rue du Pont Vieux
Confolens
✆ 05 45 30 72 61
www.pont-vieux.com
nixxpixx@orange.fr

Nicholas et Mary Felton ont aménagé trois superbes chambres et une suite familiale dans une belle maison du centre de Confolens bénéficiant d'une vue sur la Vienne et le vieux pont. Et, surtout, la maison a un grand parc qui s'étend sur les berges.

DOMAINE DU CHATELARD****

Lieu-dit Chatelard
1079, route du Chatelard
Dirac
✆ 05 45 70 76 76
www.domaineduchatelard.com
info@domaineduchatelard.com

A 10 minutes de la gare d'Angoulême Le Domaine du Chatelard est un lieu d'exception. Silence, vue sur le lac et sur un immense coin de nature boisée et vallonnée... de quoi déguster un verre de cognac tranquille, loin de toute agitation touristique. Dans cette demeure du XVIIIe siècle, juste le temps d'une nuit ou d'un plus long séjour, vous pourrez déguster une cuisine innovante, tout cela au beau milieu du cadre enchanteur, où le décor vous ensorcellera.

Des chambres sont à votre disposition et le coup de foudre est assuré. Chambres au décor noble, avec tout le confort qu'il vous faut : télévision dans chaque chambre, sèche-cheveux, baignoire ou douche, et literie impeccable. Suites, chambres familiales ou junior suites, toutes les pièces sont un sans-faute. De style « château », les chambres sont très spacieuses et décorées avec charme dans les moindres détails. A exactement 35 minutes de Jarnac, à côté d'Angoulême.

MOULIN NEUF

34, rue du Moulin-Neuf
Gond-Pontouvre
✆ 05 45 94 50 29
www.hotel-moulin-neuf.com
lemoulinneuf16@orange.fr

Le restaurant dévoile tous ses charmes, que l'on soit à l'intérieur ou sur la terrasse, au bord de la Touvre. L'ambiance mêle habilement le design à la tradition, de même que la cuisine tisse des liens entre passé et modernité. Plusieurs menus sont disponibles, notamment la formule déjeuner rapide à 18,50 euros qui comporte plat + dessert. Vous pouvez également confier vos papilles au Chef. L'établissement possède également quatorze chambres de trois types : donnant sur la cour ou sur la Touvre, avec ou sans terrasse. Elles sont toutes entièrement neuves et décorées dans le même esprit que le reste : moderne et chaleureux.

HÔTEL LIGARO

74, Grand Rue, Jarnac
✆ 05 45 32 71 38
www.hotel-ligaro.com

Au cœur de la petite ville de Jarnac, tout près de l'église, l'Hôtel Ligaro a su allier le modernisme d'un confort de luxe au charme des vieilles pierres. Une literie de grande taille (200x200 cm) et un linge de lit de qualité assurent une nuit réparatrice et agréable. Les chambres, au style raffiné et feutré, proposent de nombreux équipements. La chambre de la tour située dans une tourelle en pierre des anciens remparts de Jarnac est totalement indépendante avec une entrée privée qui donne sur le jardin. Le restaurant du château est situé à 300 mètres. Il permet de bénéficier de la formule demi-pension (petit déjeuner + déjeuner ou petit déjeuner + dîner).

LA BELLE CHARMEUSE

Route du Port-Romain
Luxé
✆ 05 45 95 01 53
www.labellecharmeuse.fr
labellecharmeuse@orange.fr

Dans une vaste demeure à la décoration campagnarde et raffinée, Michèle et Philippe vous accueillent dans l'une de leurs quatre chambres équipées de double vitrage. La maison date du milieu du XIXe siècle et un joli jardin agrémentera votre séjour. Le fleuve Charente tout proche est visible depuis le jardin. La proximité de la route reste un bémol à la prestation offerte, mais également un avantage pour un accès rapide à la ville toute proche et aux principaux axes menant à de nombreux sites de visites. La maison ne fait plus table d'hôtes.

HÔTEL-RESTAURANT BEAU RIVAGE

Place du Gardoire
Mansle
✆ 05 45 20 31 26
www.hotel-beau-rivage-charente.com
hotel.beau.rivage.16@orange.fr

L'hôtel Beau Rivage dispose de 29 chambres pour une à quatre personnes. Pourvu d'un jardin bien aménagé, les animaux y sont acceptés. En plus du wifi dans les chambres, un ordinateur avec accès internet vous est proposé dans le salon d'accueil. Le point fort de l'hôtel reste sa situation en bordure de Charente, des vélos et des canoës sont mis gracieusement à votre disposition, de même le jardin propose des espaces de repos pour profiter des longues soirées d'été. L'hôtel fait également restaurant ce qui n'est pas négligeable pour le confort de séjour.

DOMAINES DES ÉTANGS*****

Domaine des Etangs
Massignac
✆ 05 45 61 85 00
www.domainedesetangs.com
reservations@domainedesetangs.com

Entouré de verdure et d'étangs comme son nom l'indique, ce domaine est un enchantement. Dans le château du XIe siècle, vous trouverez 7 grandes suites qui portent les noms de planètes. Mais vous pourrez également loger dans l'une des 6 métairies ou dans l'une des 4 suites de la longère. Raffinement, calme et confort semblent être les maîtres mots de cet établissement. Pour un dépaysement et une détente totale, des thermes ont été installés dans les sous-sols du château. La piscine donne sur le parc et les étangs à travers une large baie vitrée. Enfin, sachez que le domaine abrite également un restaurant gastronomique, l'étoilé Dyades. Il existe également d'autres modalités de restauration, notamment « hors les murs » pour profiter pleinement du cadre vert du Domaine.

HÔTEL DU COMMERCE

11, avenue de la Gare
Roumazières-Loubert
✆ 05 45 71 21 38
www.hotelducommerce-ks.com
hotelducommerce16@orange.fr

En plein cœur de la Charente Limousine, entre Angoulême et Limoges, l'Hôtel du Commerce propose treize chambres baignées de lumière pour une à quatre personnes, avec possibilité de mettre un lit supplémentaire. Laissez-vous enivrer par sa piscine d'un bleu turquoise, sa terrasse ombragée et son parc arboré. L'hôtel fait également restaurant et vous pourrez apprécier la cuisine du Chef Stéphane, qui a fait ses armes au Bristol à Paris, en passant par la Suisse ou la Belgique. Une cuisine qui fait la place belle aux produits du terroir, aux fruits de la mer et de la campagne. Une adresse à conserver absolument.

HÔTEL-RESTAURANT BRISEBOIS

Brise-Bois
Rouzède
✆ 05 45 70 26 04
www.brisebois.fr

Dans cette grande ferme ayant profité d'une magnifique rénovation, Hester Hazendonck a tout fait pour satisfaire une clientèle exigeante. Le restaurant propose une carte appétissante, pas à la portée de toutes les bourses, composée de nombreux produits maison comme le foie gras au torchon ou le jambon ainsi que de produits de la mer. La bâtisse abrite trois chambres d'hôtel et trois appartements meublés. Brisebois propose des formules en partenariat avec le golf de la Prèze situé à 4 km. La piscine est protégée par des murets de pierre dans un très beau parc gazonné.

LOGIS HÔTEL LA BRAISIÈRE

Le Bourg
Saint-Romain
✆ 05 45 98 51 35
www.labraisiere16.fr
labraisiere@wanadoo.fr

Depuis 30 ans, Alain et Maguy Jozeleau tiennent cet établissement reconnu par ses pairs puisqu'il fait partie des Logis de France. Le Chef Alain a officié dans de grands restaurants de Paris à Londres, en passant par Lausanne en Suisse, et nous propose désormais des menus de qualité avec un tour de main exceptionnel. Tous les produits du terroir sont concoctés avec soin : canard sous toutes ses formes, spécialités autour des escargots, du veau, de la lamproie, de l'anguille et bien d'autres. L'hôtel comprend onze chambres et propose à sa clientèle une piscine ainsi qu'un espace détente.

LE RELAIS DE SAINT-PREUIL

Chez Rivière
Saint-Preuil
✆ 05 45 80 80 08
www.relais-de-saint-preuil.fr
contact@relais-de-saint-preuil.com

Le Relais de Saint-Preuil est un ancien relais de poste soigneusement restauré, avec chambres et suites familiales et un hameau des XVIIe et XVIIIe siècles entre bois et vignes. Tout est superbe : le cadre, l'accueil, les chambres. Le Palanquin est une chambre de 30 m^2 avec un lit à baldaquin chinois du XIXe siècle et sa superbe vue sur le vignoble de Grande Champagne. Les autres chambres sont meublées dans le style charentais du XIXe siècle. Chaque suite familiale porte le nom d'un attelage des XVIIe et XVIIIe siècles.

KARINA

Les Métairies
Rue des Petites-Gourmandières
Sigogne
✆ 05 45 36 26 26 26
www.hotelkarina.net
info@hotelkarina.net

Austin et Nicky Legon tiennent un lieu de villégiature, que l'on trouve au bout d'une allée de quelques centaines de mètres. Entre des chambres de bonne taille où l'on se sent vraiment très bien (et où l'on surfe librement et gratuitement), toutes équipées d'une salle de bains privative, entre les chambres donc et la piscine, entre la piscine et le jardin... on ne sait plus partir d'ici. C'est une salle de restaurant comme on les aime : coquette et dotée d'une cheminée. Et il se trouve que l'on y mange bien pour un prix très convenable. Rendez-vous aux prochaines vacances ?

Ruisseau de la Guirlande, Bassac.

S'INFORMER SUR LA CHARENTE

Médias

Presse écrite

■ **TERRES DE COGNAC**
64, impasse Joseph Nicéphore Niépce
Angoulême
✆ 05 45 61 46 47
www.terresdecognac.fr
contact@terresdecognac.fr
Revue professionnelle consacrée au cognac, et couvrant les départements de la Charente et de la Charente-Maritime à destination des viticulteurs, des professionnels du négoce en vins et cognacs et des amateurs. On y retrouve des sujets sur l'actualité de la filière, les techniques de production, les nouvelles technologies, l'économie, etc.

■ **SORTIR LABEL CHARENTE**
70, place de l'Eglise, Champniers
✆ 05 45 94 83 64
www.sortir-label-charente.net
Marc Werlhé et Patricia Fourgeaud, l'ancien menuisier et l'ancienne correctrice du dictionnaire de l'Académie française sont tombés amoureux de la cité des festivals, depuis fort longtemps. Ils ont créé le magazine *Sortir*, l'équivalent charentais de *l'Officiel des Spectacles*. Ce magazine mensuel gratuit tire aujourd'hui à 25 000 exemplaires, il est incontournable si vous souhaitez connaître l'agenda de toutes les festivités du département : concerts, marchés, spectacles, idées de sorties, manifestations, etc. A avoir dans son sac avec le Petit Futé !

■ **LA CHARENTE LIBRE**
L'Isle-d'Espagnac
✆ 05 45 94 16 00
www.charentelibre.fr
Créé en 1944, *La Charente Libre* (qui fait partie du Groupe Sud-Ouest) voit comme tous les quotidiens son lectorat s'éroder et tire aujourd'hui à 30 000 exemplaires. Pourtant, le titre est plutôt réactif, c'est un des premiers à être passé en 2000 au format Tabloïd et le passage au Web 2.0 (c'est-à-dire intégrant pleinement la participation des lecteurs internautes) s'est réalisé assez rapidement. La formule est agréable à lire et les journalistes portent leurs sujets.

Radio

■ **MIXX FM**
6, place Jean Monnet, Cognac
www.mixxfm.fr
Mixx Fm émet depuis Cognac et propose aux auditeurs charentais une programmation musicale tournée vers l'électro et les musiques contemporaines. Mixx Fm s'écoute notamment sur la fréquence 99.9 à Cognac et sur la fréquence 94.7 à Angoulême.

Institutions

■ **CHARENTES TOURISME**
✆ 05 46 31 76 38
www.infiniment-charentes.com
Charentes Tourisme est une agence de développement économique et touristique dédiée aux professionnels du tourisme et aux collectivités de Charente et de Charente-Maritime.

Accompagnant les territoires dans leur développement touristique grâce à une expertise législative et financière, Charentes Tourisme a développé toute une palette d'offres et d'outils utiles aux collectivités comme aux entreprises engagées dans les filières touristiques des deux départements.

BUREAU NATIONAL INTERPROFESSIONNEL DU COGNAC

23, allées Bernard Guionnet
Cognac
✆ 05 45 35 60 00 – www.cognac.fr
contact@cognac.fr

Le BNIC est une organisation interprofessionnelle, dont le but est de promouvoir et protéger l'appellation d'origine contrôlée cognac dans l'Hexagone, ainsi qu'à l'international. C'est aussi un lieu de concertation et de décision pour l'ensemble des professionnels de la filière cognac. Il représente ainsi l'intérêt général des 4 300 viticulteurs, 280 négociants et 120 bouilleurs de cru composant l'appellation. Le BNIC, avec à sa tête nouvellement nommé Raphaël Delpech, a la particularité d'exercer à côté des missions dévolues à l'ensemble des interprofessions, une mission de service public pour le compte de l'État : le contrôle du vieillissement des eaux-de-vie de cognac. Autre spécificité, le BNIC est la seule interprofession vitivinicole reconnue en tant qu'Organisme de Défense et de Gestion, et assure le suivi du cahier des charges de l'AOC cognac confortant ainsi sa mission de Protection de l'appellation. Le site Internet www.cognac.fr est très complet pour comprendre le rôle et l'organisation de cette interprofession ainsi que l'histoire, l'actualité et les chiffres clés du cognac.

COMITÉ NATIONAL DU PINEAU DES CHARENTES

112, avenue Victor-Hugo
Cognac
✆ 05 45 32 09 27
www.pineau.fr
pineau@pineau.fr

Il regroupe les négociants et producteurs de pineau depuis 1949 pour défendre les intérêts de la filière et mettre en place les règles permettant de maintenir à un haut niveau la qualité de cet autre produit phare charentais. 12 viticulteurs et 12 producteurs sont élus par leurs syndicats respectifs pour former le comité, dont la présidence passe tous les trois ans d'une famille à une autre. Le grand public sera surtout intéressé de savoir que leur boutique en ligne propose une vaste gamme de pineaux !

SYNDICAT DES PRODUCTEURS ET DE PROMOTION DES VINS DE PAYS CHARENTAIS

23, rue du Port Brémond
Cognac
✆ 05 17 22 00 00
https://vindepayscharentais.fr

Derrière le pineau et le cognac, on aurait vite tendance à oublier que la vigne sert avant tout à faire du vin. La promotion des différents cépages charentais, qui se déclinent en vins blancs, rosés ou rouges, est assurée par le syndicat des vins situé à Cognac. Les vins charentais sont enregistrés en tant qu'Indication Géographique Protégée (IGP), signe de qualité qui permet de rattacher le produit à son origine. Ainsi, les raisins utilisés pour faire les vins I.G.P. charentais proviennent uniquement de Charente ou de Charente-Maritime. Le Syndicat s'est également engagé depuis 2018 dans une démarche environnementale collective.

INDEX

D

E

F

G

H

I

J - K

L

M

N

O

P - Q

R

S

T

V

X - Y

EDITION

Directeurs de collection et auteurs : Dominique AUZIAS et Jean-Paul LABOURDETTE

Auteurs : Nicolas KLEIN, Jean-Paul LABOURDETTE, Dominique AUZIAS et alter

Directeur Editorial : Stéphan SZEREMETA

Rédaction France : Elisabeth COL, Tony DE SOUSA, Mélanie COTTARD, Audrey VEDOVOTTO

Rédaction Monde : Caroline MICHELOT, Morgane VESLIN, Pierre-Yves SOUCHET, Jimmy POSTOLLEC, Natalia COLLIER, Laureen DUCHESNE, Anaïs MAOLE

FABRICATION

Responsable Studio : Sophie LECHERTIER assistée de Romain AUDREN

Maquette et Montage : Julie BORDES, Sandrine MECKING, Delphine PAGANO

Iconographie et Cartographie : Anne DIOT assistée de Julien DOUCET

WEB ET NUMERIQUE

Directeur Web : Louis GENEAU DE LAMARLIERE

Chef de projet et développeurs : Nicolas de GUENIN, Adeline CAUX, Kiril PAVELEK

Intégrateur Web : Mickael LATTES

Webdesigner : Caroline LAFFAITEUR

Community Traffic Manager : Alice BARBIER, Mariana BURLAMAQUI et Vincent PHAM

DIRECTION COMMERCIALE

Directeur commercial : Guillaume VORBURGER assisté de Manon GUERIN

Responsable Régies locales : Michel GRANSEIGNE

Responsables Développement régie inter : Jean-Marc FARAGUET et Guillaume LABOUREUR assistés de Claire BEDON

Chefs de Publicité : Camille ESMIEU

Chefs de Publicité Régie nationale : Caroline AUBRY, François BRIANCON-MARJOLLET, Perrine DE CARNE MARCEIN, Caroline PREAU

Gestion commerciale : Vimla MEETOO et Assa TRAORE

DIFFUSION ET PROMOTION

Directrice des Ventes : Bénédicte MOULET assistée d'Aissatou DIOP, Sidonie COLLET

Responsable des ventes : Jean-Pierre GHEZ assisté de Nelly BRION

Relations Presse-Partenariats : Jean-Mary MARCHAL

ADMINISTRATION

Président : Jean-Paul LABOURDETTE

Directrice des Ressources Humaines : Dina BOURDEAU assistée de Sandra MORAIS et Eva BAELEN

Directrice Administrative et Financière : Valérie DECOTTIGNIES

Comptabilité : Jeannine DEMIRDJIAN, Adrien PRIGENT et Faiza ALILI

Recouvrement : Fabien BONNAN assisté de Sandra BRIJLALL et Vinoth SAGUERRE

Responsable informatique : Adam M'RAH

Standard : Assa TRAORE

CARNET DE VOYAGE CHARENTE

LES NOUVELLES EDITIONS DE L'UNIVERSITE
18, rue des Volontaires - 75015 Paris.
✆ 01 53 69 70 00 - Fax 01 42 73 15 24
Internet : www.petitfute.com
SAS au capital de 1 000 000 € - RC PARIS B 309 769 966
Couverture : « Mémoires du XXe Ciel » d'après Yslaire
Parcours de murs peints BD à Angoulême
Maître d'ouvrage : Ville d'Angoulême
Concept et réalisation © CITÉCRÉATION
©Crédit-Photo : CitéCréation
www.citecreation.fr
Impression : IMPRIMERIE CHIRAT - 42540 Saint-Just-la-Pendue
Achevé d'imprimer : décembre 2020
Dépôt légal : 09/01/2021
ISBN : 9782305053097

Pour nous contacter par email, indiquez le nom de famille en minuscule suivi de @petitfute.com
Pour le courrier des lecteurs : info@petitfute.com

IMPRIMÉ EN FRANCE

PEFC
10-31-1895
Certifié PEFC
Ce produit est issu de forêts gérées durablement et de sources contrôlées.
pefc-france.org